RECETAS PARA GRANDES ocasiones

COCINAR CON Iñaki Oyarbide

RECETAS PARA GRANDES ocasiones

EVEREST

COCINAR CON Iñaki Oyarbide

RECETAS PARA GRANDES ocasiones

ÍNDICE

COCINAR CON

Presentación

Tarde o temprano llegará un día en que nos veremos obligados a organizar algún tipo de celebración en casa y, esta vez, no podremos escabullirnos ni habrá disculpa posible. Tal vez un bautizo, un cumpleaños, una primera comunión, un premio, las festividades navideñas que este año tocan en nuestra casa o, simplemente, nuestro empeño personal en agasajar a nuestras amistades, harán que nos pongamos en acción para disponerlo todo lo mejor posible y conseguir así que nuestro eventual banquete sea todo un éxito. Algunas personas se sienten especialmente entusiasmadas y disfrutan ante este tipo de situaciones; otras, sin embargo, son presas del pánico y surgen los temores y las dudas: ¿Qué hacer? ¿Qué comida es la más idónea? ¿Cómo se puede quedar bien? ¿Cómo dar la impresión deseada sin meter la pata...? Todas ellas, preguntas de difícil contestación.

Esta obra trata, a través de 25 interesantes recetas, de dar cumplida información a estas y otras cuestiones que todos nos hemos planteado en alguna ocasión. Así, por ejemplo, existen diferentes posibilidades para preparar un ágape de este tipo, según se trate de un acontecimiento alrededor de una mesa, un cóctel en el que los invitados están generalmente de pie, o bien un bufé.

La primera de las opciones normalmente está supeditada al número de asistentes y al espacio disponible en la casa. Lo usual es que en un hogar de tipo medio no puedan sentarse a la mesa más de 8 ó 10 personas. No obstante, todos los comensales han de estar sentados a ella. Si este es el tipo de festín de nuestra elección, tenemos la posibilidad de obsequiar a nuestros invitados con dos tipos de ceremonial. El denominado «servicio a la inglesa» consiste en ordenar las viandas en sendas fuentes, para que los comensales se sirvan ellos mismos cuando el anfitrión o la anfitriona se las presente por su lado izquierdo. Por su parte, el «servicio a la francesa» repite el ceremonial anterior pero, en esta ocasión, el anfitrión o la anfitriona muestra los platos a los invitados por su lado derecho para, también, él mismo servirse.

La segunda opción, además de admitir un mayor número de personas, es un acontecimiento mucho más informal. Los invitados, a la vez que pasean por todo el recinto y departen de pie, degustan las exquisiteces que se les ofrecen servidas en vistosas bandejas. Los platos alternan todo tipo de comidas y bebidas, que siguen en su ofrecimiento el siguiente orden: aperitivos, comidas más consistentes y, por último, los postres. Para no incomodar a los comensales, este tipo de acontecimiento requiere organizarlo de manera que tenga un cierto ritmo y no ocurra, por ejemplo, que falten las bebidas o que se rompa la continuidad en el servicio a la mitad de la celebración. A nadie le gusta que le sirvan el primer plato sin la correspondiente bebida, o que el servicio entre plato y plato se distancie en demasía.

La tercera y última opción es la más comúnmente utilizada para dar de comer a un gran número de personas con su correspondiente asiento. Esta alternativa se fundamenta en exponer a la vista de los invitados –sobre una amplia mesa decorada con centros florales– fuentes, cacerolas, etcétera; es decir, todos los platos y manjares que componen el menú preparado al efecto. Los asistentes se proveerán de su correspondiente servicio y, ellos mismos, se servirán las viandas de la mesa a discreción; luego, pasearán por la casa y se sentarán formando pequeños grupos en animada charla. Esta opción es especialmente interesante y acertada cuando, por ejemplo, no se dispone de espacio suficiente en la mesa para todo el personal. Es una fórmula más informal y, además, permite que los invitados tengan total libertad de movimientos.

Las recetas que recoge esta obra han sido cuidadosamente seleccionadas para acercar al público en general unos platos asequibles y fáciles de ejecutar, a la vez que sabrosos y de exquisita presencia, que los hacen muy apropiados para esas «inevitables» celebraciones, sean del tipo que sean. Ánimo y «manos a la obra».

Introducción

1. El concepto

El viejo refrán «de la Misa a la mesa» encierra en sí mismo ese casi inseparable maridaje que existe entre espiritualidad y materialidad, entre el alimento del alma y el alimento del cuerpo. Desde su aparición sobre la Tierra, la humanidad ha proyectado sus sentimientos más íntimos hacia una manifestación externa de

comida abundante y, según las posibilidades de cada momento, incluso espléndida. Este fenómeno, que debiera interpretarse positivamente teniendo en cuenta la conducta social colectiva, se repite indefectiblemente en todas las culturas y en todas las civilizaciones a lo largo de la Historia, y siempre con una clara significación de celebración comunitaria.

De ahí el antiguo concepto de «banquete», entendido –así lo explica el diccionario– como: «Comida a que concurren muchas personas para celebrar algún acontecimiento destacado».

Evidentemente, esta participación comunal en torno a una mesa abundosa y bien servida –consecuencia a su vez de alguna celebración festiva, personal, familiar, social o política–, sigue hoy en día con la misma vigencia que antaño. Sin embargo, si se toma el concepto en un ámbito más personal e íntimo –más privado, diríamos–, el término «banquete» también podría aplicarse a cualquier situación que, acompañada de una esmerada comida, afecte con importancia relevante a muy pocas personas.

¿Acaso no debiera entenderse como banquete –al menos en ese doble sentido de espiritualidad-materialidad– esa celebración «a dúo» entre dos enamorados que, en cena íntima, se prometen mutua fidelidad de matrimonio o pareja?

O, ¿no son banquete también esas pequeñas o grandes celebraciones caseras para festejar, en alegre yantar, algún suceso notable pero intrascendente más allá del entorno estrictamente familiar?

¡Claro que sí!

Bienvenidos pues sean los banquetes multitudinarios, porque son manifestación de «algo bueno e inusual» que atañe a todo un colectivo social; pero exaltemos también esas otras conmemoraciones que, a pesar de su relativa o nula incidencia en el resto de la sociedad, tienen la misma grandeza.

Este es el objetivo fundamental que persigue esta obra: hacer de cualquier celebración culinaria, por insignificante que nos parezca, todo un acontecimiento.

2. Los banquetes en la Antigüedad

Aunque en la actualidad pueda parecernos un poco extraño, las antiguas celebraciones comunitarias no se basaban tanto en lo copioso y espléndido de la comida que se ofrecía, como en la cantidad y la calidad de la bebida consumida. Los hebreos –no olvidemos que La Biblia recoge una enorme cantidad de testimonios culinarios y gastronómicos– denominaban a estas celebraciones *mishteh*, y los griegos *synposicion*; términos ambos que significan «beber reunidos».

Pasado el tiempo, cuando el arte culinario alcanza cierto grado de refinamiento, los manjares y las bebidas –especialmente las fermentadas– constituyen la esencia de todo banquete, que llega a su culmen de placer complementado con las actuaciones de músicos, danzarines, bailarinas y toda suerte de juegos y entretenimientos, incluidos los eróticos.

Grecia primero y Roma después, magnificaron tales celebraciones hasta extremos que hoy nos parecen –ciertamente– increíbles.

Un banquete romano, que bien pudiéramos considerar como sencillo, constaba de las siguientes partes:

– Antecomida (*promulsis gustus*), en la que se ofrecían huevos, ostras y pescados en diversas salsas (como el *garum*); la bebida era una mezcla de mosto de vino o vino con miel (*mulsum*).

– Comida principal (*proelium*), compuesta de varios servicios de carnes, volatería, salazones, verduras..., acompañados de vino de probada calidad.

– Postre (*mensae secundae*), que alternaba quesos, dulcería y frutas frescas y secas.

Como narra Brillat-Savarin: «Con el tiempo y la serie de sucesos que hicieron afluir a Roma todas las riquezas del Universo, el lujo de la mesa llegó a un punto casi increíble. Se tomó de todo: desde la cigarra al avestruz; desde el lirón hasta el jabalí; todo cuanto podía estimular el gusto fue empleado como condimento. De África se trajeron las pintadas (gallinas de Guinea) y las trufas; de España, los conejos; de Grecia, los faisanes; y del extremo de Asia, los pavos...». Basta comprobar el menú del banquete que Trimalcion dio a sus invitados –según cuenta Petronio en el *Satiricón*–, para advertir la magnificencia romana en la organización de sus banquetes.

Y como los españoles somos herederos directos de la cultura de los pueblos romano y árabe, que tampoco eran parcos a la hora de comer y beber, nada tiene de extraño que hayamos adoptado la costumbre de poner la suntuosidad al servicio de la gastronomía.

3. De la bandeja al banquete

Las gentes del Medievo –así lo narra la Historia– hacen del banquete una especie de exaltación gastronómica: tal era la abundancia de comidas y platos que se ofrecían, los salsamentos que servían como acompañamiento y la parafernalia que ponía complemento a la celebración; costumbres éstas que tuvieron su prolongación en tiempos más modernos, es decir, a partir del siglo XVI.

Pieter Bruegel el Viejo. *Bodas campesinas.*

Reyes, señores feudales y nobleza no desperdiciaban la más mínima oportunidad para celebrar una comida abundosa; la llamada al festín se hacía a toque de corneta, denominado «toque del agua», que invitaba a los comensales a lavarse las manos antes de comer para, después, tomar asiento en las banquetas que había dispuestas alrededor de las mesas. De ahí le viene el nombre de «banquete». Los intermedios entre plato y plato eran amenizados por representaciones mímicas y bufonadas, que intentaban satisfacer y agradar a los presentes.

La grandiosidad de tales comidas nos la pueden mostrar algunos ejemplos:

• Don Álvaro de Luna obsequió con un banquete al rey don Juan II y a doña Isabel de Portugal; en él eran incontables «los grandes platos e confiteros e barriles e cantaros de oro e de plata cobiertos de sotiles esmaltes e labores, siendo servida la mesa del Rey e de los cavalleros e dueñas e doncellas de muchos e variados manjares…».

• En 1351, don Pedro de Castilla ordenó que «las villas, ciudades, maestres y priores que lo atendiensen en sus viajes le diesen esta ligera vitualla: 45 carneros, 22 docenas de pescado cecial (seco), 90 maravedís de pescado fresco, vaca y media, 3 puerros, 60 gallinas, 75 cántaras de vino y 1500 panes».

• Cuando el conde de Haro presentó en su palacio de Briviesca a doña Blanca de Navarra, la primera esposa del rey de Castilla Enrique IV *el Impotente*, obsequió a los presentes con «gran diversidad de aves, carnes, pescados y frutas con delicado aderezo, por espacio de cuatro días, a lo que se

añadió la grandeza de pregonar que acudiesen a su palacio todos para recibir de balde cuanto quisieran, disponiendo, además, de una fuente de plata que de continuo manaba exquisito vino, de donde cada uno tomaba lo que quería».

Como apuntábamos anteriormente, estas fastuosas costumbres tuvieron su continuidad en épocas posteriores a la Edad Media, alcanzando incluso –con cierta moderación– a los tiempos actuales.

Baste citar, sucintamente, algunos ejemplos muy significativos:

• El conde de Benavente festejó la visita de Felipe II y su esposa, doña Isabel de Valois, ofreciéndoles una merienda compuesta por pescados y dulces; además, se sirvieron más de quinientos platos complementarios acompañados por muchos frascos de plata, diversos géneros de vinos y aguas cocidas.

• Cuando en una de sus visitas al coto de Doñana el rey Felipe IV fue recibido por el duque de Medina-Sidonia, éste le homenajeó celebrando una fiesta en la que se sirvieron 1400 barriles de pescado en escabeche, 1400 pastelones de lamprea, 80 botas de vino añejo, 50 arrobas de miel, 100 arrobas de azúcar, 400 arrobas de aceite y carne, y pan suficiente para alimentar durante varios días a muchos miles de personas.

Como puede observarse fácilmente, los ejemplos citados –si bien muy representativos de lo fastuoso– se refieren fundamentalmente a banquetes regios que, por mor del séquito real, reunían a un gran número de comensales. Otros casos referentes al ámbito familiar, y que merecen ser citados en esta breve reseña, son los siguientes:

• En tiempos de Carlos *el Malo*, es frecuente en Navarra que los canónigos de Pamplona –que viven en comunidad y ayunan por regla– se resarzan de la dieta monacal mediante fuertes colaciones en las festividades más notables del calendario. En tales días, el menú que solía preparar el Arcediano se regía por esta norma: «Debe dar a los comensales buey; después carnero, de forma que entre dos coman la pierna escotada, sin el blasco, o el costado sin el pescuezo; además, una gallina para cada tres, más siete robos de trigo. Debe darles también del mejor vino que se encontrare y cuanto hubiere menester».

• En los ágapes comunales de las Cofradías suele detallarse la preparación del menú con precisión. En algunas de estas relaciones, leemos que: «El Racionero está obligado a dar, entre otras cosas, a perdiz y polla ronca por barba, haiga o no haiga».

Este gracioso «haiga o no haiga» –haya o no haya– no se refiere a las piezas de volatería, sino a las «barbas»; es decir, a los comensales. Dicho de otro modo, viene a aseverar que –aunque hubiera un solo comensal– debían prepararse tantas raciones como cofrades inscritos, al objeto de que los asistentes aprovecharan las partes de los ausentes.

• Los actos fúnebres alcanzaron en Asturias tal grado de ampulosidad, que la «voz popular» promulgaba lo siguiente: «Al renacer, al pasar de esta vida a la otra, se debe celebrar fiesta con comida. Según el grande exceso que en esto suele hacerse, tienen para los mortuorios y fiestas más grandes calderas que harán a dos vacas y más cada una».

Tan grandes eran los excesos en gastos de comida y bebida durante las celebraciones fúnebres, que tanto la autoridad civil como la eclesiástica hubieron de prohibirlos o limitarlos adecuadamente: «Prohívese hacer comidas con pretexto de entierros, funciones de Iglesia, Misas cantadas, Matrimonio o Velación, y sólo se permite que los factores puedan convidar a sus parientes dentro del segundo grado y a los clérigos se les pagará su pitanza y dará el desayuno necesario». Ordenanzas Reales para el Gobierno del Principado de Asturias, 1781.

• El 15 de agosto de 1794 –aprovechando las fiestas patronales de Gijón– le fue ofrecida al ilustrado Gaspar Melchor de Jovellanos una ligera comida familiar en la que, entre otras menudencias, se sirvieron: 2 jamones, 4 platos de pollas, 4 truchas fritas para cada comensal, 2 platos de frituras, tartas, compotas y fruta.

• En 1883, una célebre entidad bancaria de Navarra, en vez de repartir beneficios entre sus empleados, optó –a petición de éstos– por invertirlos en un banquete. Los propios interesados participan en la confección del menú, que se compone de las siguientes viandas:

– Entremeses: jamón, salchichón, mortadela, aceitunas, sardinas, mantequilla y pepinillos. Ostras.

– Primer plato: sopa de tapioca, puré, menestra, fritos variados, calamares, angulas.

– Segundo plato: gallina en gelatina, pastelillos de carne, perdices.

– Tercer plato: salmón, solomillos, espárragos.

– Cuarto plato: pavos asados, ensalada.

– Postre: helados, buñuelos, nata, tocino de cielo, flanes, dulces, quesos, frutas y tres tortadas.

– Vinos, licores, café y habanos.

El coste de cada cubierto ascendió a 34 duros y 7 reales... ¡de los de entonces! La comida comenzó a la una del mediodía y terminó a las cuatro de la madrugada. Se cuenta que hubo bastantes que repitieron de muchos platos y uno que, a su llegada al Banco al día siguiente, como le preguntaran qué tal había dormido, contestó: «Perfectamente. Me he convencido de que para dormir bien no hay como cenar poco».

4. Los banquetes en los siglos XIX y XX

Desde bien entrado el siglo XVIII, la influencia de las modas culinarias francesa e italiana tienen su lógica repercusión en las mesas españolas; máxime, cuando los llamados *restaurants* empiezan a funcionar con carácter empresarial de servicio y finura.

Posiblemente uno de los restaurantes españoles que más influye en el desarrollo de esta actividad es el madrileño *Lhardy*, fundado en Madrid en el año 1839 por el francés Emilio Huguenin Lhardy, quizá por influencia de los exiliados políticos españoles de la época. Su popularidad se hizo notoria cuando, en noviembre de 1841, sirve el banquete ofrecido por el banquero Salamanca para festejar el bautizo de su primogénito, Fernando Salamanca Livermore.

Comedor isabelino del restaurante *Lhardy*, uno de los pioneros en Madrid.

Tres son los modelos en los que se basa la organización de todo banquete en esta época, ya fuese multitudinario, familiar o íntimo:

– El inglés, vigente de manera notable hasta bien entrado el siglo XX. Consta de tres servicios, ofrecidos respectivamente en su momento oportuno, siendo los propios comensales quienes se sirven personalmente; los criados o camareros únicamente se limitan a transportar las viandas y depositarlas en el correspondiente *buffet*.

– El francés, también de tres servicios: dos de cocina y el postre. El servicio corre a cargo de los criados o camareros; al principio sólo se hallan en la mesa los entremeses *(entrées, entremetas* y *relevés*).

– El ruso, compuesto de varios servicios ofrecidos por los criados o camareros. Los postres se encuentran presentes en la mesa desde el principio.

Al correr de los tiempos –ya bien entrado el siglo XX–, tanto en Francia como en Inglaterra se incorpora de nuevo la moda del antiguo maestresala, convertido hoy en *maître*, que en mesa aparte selecciona las porciones correspondientes a cada comensal; así, el camarero las ofrece individualmente a cada persona. En las comidas íntimas o familiares es la dueña de la casa, o anfitriona, la encargada de realizar esta función.

Debido a esta influencia francesa, los restaurantes redactaban los correspondientes platos de los diversos menús en francés, detalle éste considerado de gran finura y elegancia.

He aquí algunos ejemplos:

• 9 de octubre de 1888. Banquete ofrecido por diversos artistas catalanes a don Francisco de Paula Rius y Taulet:

– *Potage* a la Permantier.

– *Relevés:* Loup grillé sauce ravigote.

– *Entrées:* Salmi de perdreaux en vol-au-vent.

Troncons de filet a la Godard.

Panch glacé au kirsch.

– *Rôtis:* Chapons de la Bresse au cresson.

Jambon de Westphalie a la gelée.

– *Entremets:* Biscuits glacés a la vainille.

Ananas au naturel.

– *Vins:* Xéres. Sauternes. Olivella. Champagne frapé.

• 16 de diciembre de 1858. Banquete ofrecido por el marqués de Salamanca con motivo de la inauguración de su palacio en el madrileño paseo de Recoletos:

– *Potages:* Le potage à la reine. Le printanière aux quenelles de volaille.

– *Hors d´oeuvre:* Les bouchés aux huîtres.

– *Relevés:* Les turbots sauce hollandaise. Les filets de boeuf a la jardinière.

– *Entrées:* Les sautées de bécasse aux champignons. Les escalopes de foie aux truffes. Les filets de chevreuil sauce polvrade. Punch glacé au Madeira.

– *Rôtis:* Le coqs de bruyère truffes. Les faisans dorés aux truffes. La galantine de dindés sur socles.

– *Légumes:* Les truffes au vin de Champagne a la serviette. Les fonds d´artichaute a la lionnaise.

– *Entremets de douceur:* Le macedoine de fruits. Les pêches a la condé.

– *Vins:* Madere. Sauterne. Grand vin Château Latour. Château Laffite. Chambertin. Champagne frapé. Xeres. Château d´Iquerne. Pichon Longueville. Lascombes Margaux. Clos Vougeot. Champagne rouge.

Otra innovación aplicada a las celebraciones de los últimos años del siglo XVIII en Francia –nacida a raíz de la Revolución Francesa, y que en la actualidad prolifera en demasía– es el denominado banquete cívico, festejado en multitud de círculos de todo tipo: políticos, diplomáticos, partidistas, sindicales, etcétera.

Valga como ejemplo este ágape organizado en Madrid, el 5 de abril de 1923, por el *Pen Club* español (sección española del Club Internacional de Poetas, Ensayistas y Novelistas, fundado en Inglaterra en 1922 por Catalina Dawson Scott). A él asistieron, entre otros, Azorín, Ramón Pérez de Ayala, Gabriel Maura, Alberto Insúa, Juan Ignacio Luca de Tena, Ramón Gómez de la Serna...

El precio de la invitación a tan galana celebración era de... ¡30 pesetas!

– *Menú*: Consommé en tasse. Oeufs Grand-duc. Suprême de sole Dieppoise. Escalope veau viennoise. Coeur de laitue. Biscuit glacé. Friandises. Dessert.

– *Vins*: Rioja blanco fino Lhardy. Rioja clarete Lhardy. Champagne Moët Chandon carte blanche. Café. Liqueurs.

O este otro, celebrado el 3 de diciembre de 1929, ofrecido por el general Miguel Primo de Rivera a los miembros de su Gobierno. Alegando una disculpa para su celebración, durante su transcurso se trataron temas profundos que afectaban a la vida política española, concretamente la vuelta a una normalidad constitucional. Así, según cuentan las crónicas de la época, los ministros asistentes «mostráronse persuadidos de la conveniencia pública y privada de dimitir de sus cargos, inclinados en juzgar improcedente el recién anunciado alto en la marcha e inexcusable, por el contrario, adquirir y proclamar cuanto antes sincero propósito de un retorno a la normalidad constitucional, paulatino y parsimonioso, puesto que así lo aconsejaban las circunstancias, pero de inmediata y diligente iniciación».

Un banquete político que de haberse llevado a la práctica los acuerdos allí alcanzados, quizá –¡quién sabe!– hubiera cambiado el rumbo de la historia española.

5. Los banquetes familiares

Múltiples son los motivos que –de algún modo– condicionan los festejos para celebrar en familia, si bien actualmente –por aquello de la comodidad– el hecho material y organizativo de la celebración se deja en manos de un restaurante.

Citaremos, como más importantes, los siguientes:

– Festividades religiosas, entre las que sobresalen con entidad propia la Natividad del Señor y la del Año Nuevo. La cena de Nochebuena suele ser muy tradicional y reúne alrededor de la mesa a toda la familia, al igual que ocurre con la comida del día de Navidad. Sin embargo, la Nochevieja es cada vez más frecuente celebrarla fuera del hogar.

Dentro de las festividades religiosas deben incluirse también las del patrono o patronos locales, y las conmemoraciones del santo de los diferentes miembros de la unidad familiar.

– Acontecimientos familiares, como bautizos, bodas, primeras comuniones, etcétera. Antiguamente eran celebraciones domésticas, cargadas de grandes dosis de intimidad familiar; sin embargo, hoy en día la «responsabilidad» de estos eventos suele encomendarse a restaurantes especializados que, por desgracia, ofrecen menús excesivamente estereotipados.

– Acontecimientos sociales y laborales que inciden directamente en algún miembro de la familia, como la obtención de la licenciatura de una carrera, la consecución de un empleo, el ascenso en la categoría laboral, etcétera. Este tipo de celebraciones suele reducirse a un ámbito que no sobrepasa los límites estrictamente familiares y, en consecuencia, más que de un «banquete» en el término preciso de la palabra, habría que hablar de una comida «que se sale un poco de lo normal».

6. Las celebraciones íntimas

El 30 de enero de 1912, Consuelo Bello *la Fornarina* –la más afamada, elegante y reconocida cupletista de la época–, para conmemorar el éxito obtenido el día anterior con motivo de la inauguración del diario *La Tribuna* y de su actuación en el *Teatro Eslava*, invitó a cenar en un popular restaurante madrileño a los maestros Vicente Lleó y Joaquín Valverde, y a tres letristas de sus pícaros cuplés.

Costó la cena para los seis nada menos que 154 pesetas y, a los postres –como se recordaran viejos tiempos de juventud de la cupletista–, ella confesó sus años de penuria, de esfuerzo, de trabajo... Y aquel episodio en el que Eduardo Zamacois –a la sazón director de la revista *Vida Galante*–, no pudiendo lograr una aventura fácil, rechazó repetidas veces sus peticiones de trabajo como modelo fotográfica.

Así se lamentaba años después el escritor: «Esta es la breve historia que mi vanidad no ha olvidado; la triste historia que, como un remordimiento, llevo enroscada al corazón».

Aquellos arrebatos de sinceridad nacidos al calor de una cena íntima originan el argumento que, años después, El Caballero Audaz recoge en su novela *La sinventura*, singular retazo biográfico que narra cómo esta popular artista inicia su aventura de cupletista en el pequeño teatro llamado *Salón Japonés* que, inaugurado en 1902 en el número 16 de la calle de Alcalá, «abre sus puertas con sus mujeres bonitas, melodías ligeras y cantables intencionados».

Esta anécdota, auténticamente histórica, nos revela claramente la sincera significación que conlleva una celebración íntima: un destello –cuando no una explosión– de un algo muy sentido que se lleva dentro y que, al calor de una compañía agradable y de un menú selecto, brota espontáneamente para embeber corazones y almas.

Nuestro mundo de hoy con sus prisas, sus reiteradas ofertas de consumismo, su dinamismo de cambio o su lenguaje artificiosamente tecnológico, apenas nos deja tiempo para compartir la mesa y la sobremesa en afectuosa relación con la persona amada, el amigo que escucha y aconseja, o con aquel ascendiente –padre o abuelo– que nos regala ciencia y experiencia entre plato y plato, o entre copa y copa.

Hace falta rememorar momentos de silencios que lo dicen todo, miradas que sin ver vislumbran futuros de felicidad, labios que se entreabren para insinuar una frase comprensiva o amorosa. Quizá las recetas que se ofrecen es esta obra puedan ayudar a ese amor sincero y a la amistad compartida.

7. Curiosidades culinarias

• *Banquete de Navidad.* De la fastuosidad de los banquetes palaciegos celebrados en tiempos de Felipe II, nos da buena cuenta Francisco Martínez Montiño, Cocinero Mayor del Rey. Cuidadoso hasta en los más mínimos detalles, Montiño advierte respecto a las cualidades que ha de reunir un buen cocinero y asegura que «hombre que sea torpe, o patituerto, nunca salen Oficiales, ni son bien limpios; procúrese que sean de buena disposición, liberales, de buen rostro y que presuman de galanes, que con eso andarán limpios y lo serán en su Oficio; que los otros, por ser pasados tienen pereza y nunca hacen cosa buena...»

Este es uno de los menús que Montiño aconsejaba para fiestas navideñas:

– Pollos rellenos con picatostes de ubre de ternera asados.

– Cigotes de aves.

– Platillo de pichones ahogados.

– Cabrito asado y mechado.

– Tortas de cidras verdes.

– Empanadas de pavos en masa blanca.

– Besugos frescos cocidos.

– Conejos con alcaparras.

– Empanadillas de pies de puerco.

– Palomas torcaces en salsa negra.

– Manjar blanco.

– Buñuelos de viento.

– Las frutas que deben servirse son: uvas, melones, limas dulces, naranjas, pasas y almendras, orejones, manteca fresca, peras y camuesas, aceitunas y queso, conservas y suplicaciones.

• *Banquetes y comidas privadas en la corte de Luis XIV*. En la Francia de los Borbones –especialmente en la época que va desde el reinado de Luis XIV al del infortunado Luis XVI–, la comida de palacio trascendía más allá de la política del momento, hasta llegar a convertirse en un acto institucional.

Dejando a un lado los grandes banquetes de la Corte –denominados «au grand couvert»–, destinados a visitas regias y celebraciones de gran rango político o diplomático, las comidas de «a diario» del Rey –las llamadas «au petit couvert»– también estaban sujetas a una gran parafernalia. De esta guisa, el monarca no debía comer solo a la mesa, sino que debía rodearse –simplemente como espectadores– de un gran número de miembros de la corte, dignatarios de la política y «público en general» –antes se decían «súbditos»– que quisieran contemplarle en su degustación.

Esta costumbre real de la Corte francesa llegó a tener una gran importancia. Se llegó incluso a decir que María Antonieta, esposa de Luis XVI, «aceleró» el estallido de la Revolución Francesa por haber fomentado el hecho de comer en sus habitaciones privadas sin espectadores que lo testificaran.

• *Normas de buena educación que deben observarse en los banquetes*. Respecto a las normas de urbanidad aplicables a la mesa, algunos libros de comienzos del siglo XX evidencian –más que aconsejar sobre lo que debe hacerse– reiteradamente lo mal hecho y, por tanto, divulgan lo que debe evitarse.

Este ejemplo, a nuestro entender curiosísimo, da cumplido testimonio de ello:

«En la mesa es donde se ve la torpeza y mala educación del hombre que no es un buen gastrónomo porque:

– La cuchara, el tenedor y el cuchillo, todo lo toma y lo maneja al revés de los otros.

– Se sirve de los platos con la misma cuchara que ha tenido veinte veces en la boca.

– Se da en los dientes con el tenedor, y también se los escarba con él; y a veces con los dedos o con el cuchillo, con gran repugnancia de los que le miran.

– Cuando bebe no se limpia antes los labios ni los dedos y, así, ensucia la copa.

– Bebe con ansia, lo cual le produce tos, con lo que vuelve la mitad del agua al vaso, y rocía al mismo tiempo a los inmediatos, haciendo mil visajes asquerosos.

– Si se pone a trinchar alguna pieza nunca atina con las coyunturas y, después de trabajar en vano para romper el hueso, salpica a todos con la salsa en la cara, y él se queda todo manchado con la grasa.

– Al tomar el café se quema seguramente la boca, aunque le dé antes mil soplos; se le cae también la taza, la cuchara o el platillo y al fin se lo derrama todo por encima».

Luis Paret. *Carlos III comiendo ante la Corte.*

• *Banquete alicantino ofrecido a Alfonso XIII.* Son muchas las anécdotas que se cuentan en relación a la campechana personalidad del rey Alfonso XIII, cuya simpatía llegaba al pueblo de forma muy directa. Campechanía socarrona heredada posiblemente de su abuela, la reina Isabel II y de su tía la infanta Isabel *la Chata*.

Así, se cuenta que al realizar una visita a cierto pueblo fue agasajado con un banquete al que estaban invitados todos los alcaldes de los pueblos aledaños y, en esta tesitura, uno de ellos confundió el aguamanil –provisto de su correspondiente rodajita de limón– con un refresco y, claro, se dispuso a beberlo tranquilamente. Ante tal torpeza, los comensales vecinos no disimularon sonrisas de desaprobación y comentarios jocosos; situación que cortó de golpe el monarca tomando en su mano derecha el aguamanil y bebiendo su contenido con toda naturalidad.

ANGUILA *ahumada en canapés*

Su apreciada carne en gastronomía hace que la anguila sea un pescado de gran importancia comercial. Este es un pez de agua dulce, que vive en los ríos; pero en el momento que alcanza su pleno desarrollo sexual se adentra en el mar y, dejándose arrastrar por la corriente del Golfo, abandona las costas europeas y norteamericanas para emigrar hasta el mar de los Sargazos a desovar. Posteriormente, regresa a las corrientes de agua dulce para repetir su proceso vital. Carente de aletas abdominales, es un pez de cuerpo alargado, cilíndrico y viscoso, que llega a medir hasta 1 metro de longitud.

Pelar y trocear la anguila siguiendo estos pasos:

– *Utilizar* el cuchillo y realizar un pequeño corte en la piel situada alrededor de la cabeza.

– *Sujetar* la anguila con una mano y, con la otra, levantar el borde de la piel tirando hacia atrás de ella para desprenderla un poco.

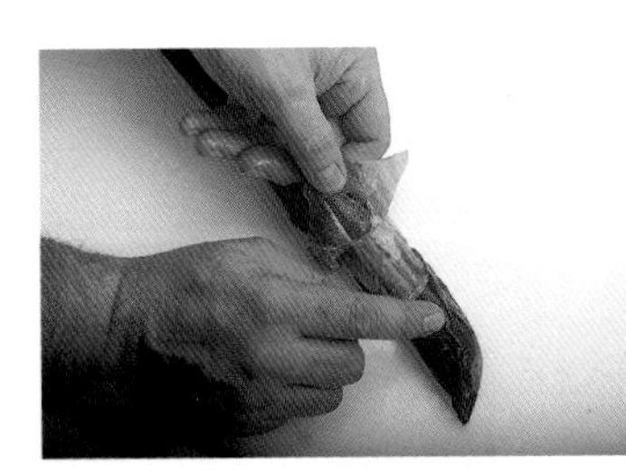

– *Para* arrancar mejor la piel, hacer una incisión con el cuchillo en sentido longitudinal.

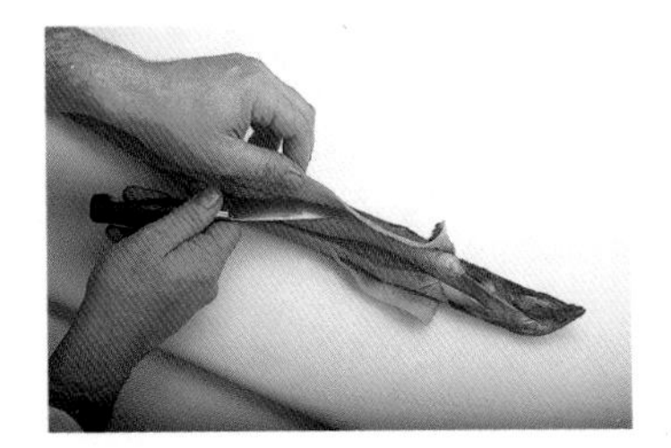

Temporada: todo el año
Recomendada para: comida
Número de comensales: 4
Vino sugerido: tinto de Rioja, reserva
Tiempo total: 20 minutos
Dificultad: baja

– *Sujetar* con fuerza la anguila y, al mismo tiempo, separar la piel de la carne.

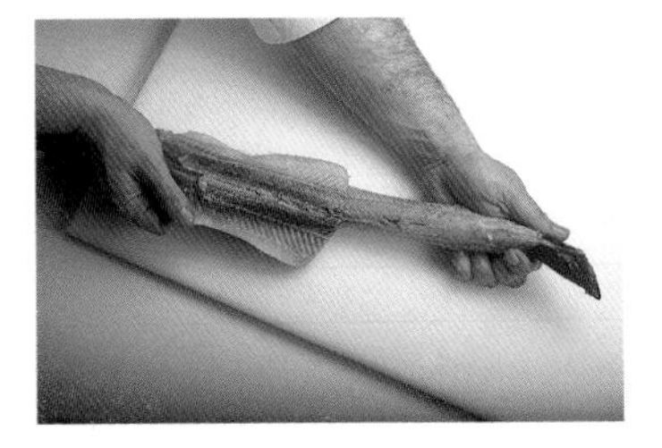

– *Por último,* descabezar la pieza y cortarle la cola.

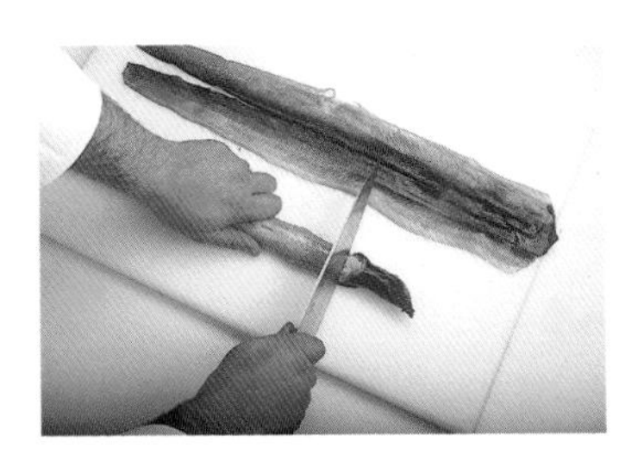

• *Trocear* los lomos de la anguila en piezas de unos 4 centímetros de longitud.

• *Untar* los trozos de pan con mantequilla y, luego, con queso Philadelphia o con la crema agria Smethane.

• *Poner* encima los trozos de anguila y, para finalizar, picar y espolvorear el cebollino sobre el preparado o adornarlo con tiras.

Ingredientes

1 anguila ahumada
1 pan de centeno fresco, o pan blanco tostado y cortado en rebanadas de 0,5 cm de grosor
Mantequilla para untar en el pan
1 tarrina de crema de queso fresco Philadelphia, o de crema agria Smethane
1 ramillete de cebollino picado

Trucos y Consejos

- *Si se desea, pueden ponerse encima del canapé unos huevos revueltos con un poco de sal, o nata montada con algo de ajo triturado.*
- *También quedará muy rico si se sustituye el cebollino por la parte blanca del puerro cortada en tiras.*
- *Para evitar que la anguila se escurra al desollarla, puede reducirse su viscosidad frotando la piel con un poco de sal gorda.*

ÁRBOL *de langostinos*

Temporada: todo el año
Recomendada para: comida y cena
Número de comensales: 4
Vino sugerido: cava o una buena cerveza fría
Tiempo total: 30 minutos
Dificultad: baja

En ocasiones especiales, esta original forma de presentar los langostinos es muy vistosa y útil. Además, este decorativo árbol añade la peculiaridad de su funcionalidad, pues todos los comensales tienen la posibilidad de servirse personalmente la cantidad de langostinos que deseen. Por otra parte, el ingrediente básico usado en su confección puede variarse por gambas o por cigalas; asimismo, su apariencia exterior también sufrirá modificaciones en relación a la cantidad de marisco que vaya a utilizarse. El árbol aquí presentado es de extrema sencillez, aunque admite otras sofisticadas y complicadas estructuras. No obstante, lo recomendable es realizarlo sin gran ornato ni suntuosidad, para que nuestros invitados puedan acceder fácilmente a este rico manjar y no parezca que nuestro plato es un mero adorno decorativo.

INGREDIENTES

1 kg de langostinos frescos
2 dl de salsa rosa
1 escarola
Sal
1 hoja de laurel

TRUCOS Y CONSEJOS

• *Dependiendo del gusto y de su presupuesto alimentario, también puede realizarse este árbol con gambas y cigalas.*

• *La salsa rosa puede sustituirse por salsa mayonesa (véase la receta de la página 32:* Cóctel de langostinos con patatas*), mayonesa de ajo o por mojo picón.*

* *Utensilio utilizado para eliminar el agua de la lechuga o de otras verduras.*

Cocer los langostinos, durante 3 ó 4 minutos –según tamaño–, en abundante agua hirviendo con sal y 1 hoja de laurel.

• *A continuación,* sacarlos y detener la cocción vertiéndolos en un recipiente con abundante agua fría y hielo. Una vez estén fríos, retirarlos del agua.

• *Seleccionar* la parte de la cola, desprendiéndoles previamente las cabezas, las patas y el caparazón. Reservar aparte.

• *Limpiar,* lavar en agua fría y escurrir bien la escarola para que no queden restos de agua; luego, pasarla por la centrifugadora de lechuga* y reservar aparte.

• *Realizar* una estructura previa, y montar el árbol colocando los langostinos y la escarola sobre ella.

• *Utilizar* como base una fuente de pie, que puede ser perfectamente un frutero o una bandeja de repostería. De vital importancia es que la superficie de ésta sea lo más plana posible.

• *Colocar,* en su centro, una copa de champán baja y ancha en posición invertida. Por último, para servir la salsa rosa, sobre la base de la copa de champán asentar un bol u otra copa de cristal de mayor tamaño.

• *Montar* el árbol con los langostinos –a imitación de la ilustración–, decorar con la escarola y disponer la salsa rosa en el recipiente colocado al efecto.

– *Elaboración* de la salsa rosa:

2 yemas de huevo

1 cucharada sopera de vinagre o de zumo de limón

1/4 l de aceite de oliva

2 cucharadas soperas de ketchup

2 cucharadas soperas de brandy

1/2 dl de nata líquida

Sal y pimienta blanca

• *Verter* –en un recipiente de la batidora de brazo– las 2 yemas con un poco de sal, la pimienta, el vinagre o el zumo de limón, el ketchup, la nata líquida y el brandy.

• *Batir* a velocidad rápida y, cuando estos ingredientes estén bien mezclados y sin parar en ningún momento, ir echando un chorrito constante de aceite hasta que la salsa espese al gusto. Para montar la salsa, la cantidad de aceite que se añada ha de ser constante y sin parar; en caso contrario, puede cortarse.

ÁSPIC *de langostinos y espárragos verdes*

Temporada: todo el año
Recomendada para: comida o cena
Número de comensales: 4
Vino sugerido: cava
Tiempo total: 1 hora y 15 minutos
Dificultad: alta

Un áspic no es más que una especie de pastel enmoldado en cuya composición interviene la gelatina. Los ingredientes generalmente empleados en su presentación son los de volatería, pescados, mariscos, verduras, carnes, foie-gras, incluso frutas, moldeados en gelatina y presentados en frío. La gelatina es una sustancia blanda, transparente y brillante, inodora e insípida, obtenida por la cocción de ciertas partes de los animales. Es, pues, un producto espesante 100% natural, que puede adquirirse en polvo o en láminas.

INGREDIENTES

1 kg de espárragos verdes
250 g de langostinos cocidos*
1 l de gelatina de pescado**
50 g de trufas
Para la guarnición:
2 dl de salsa mayonesa
1 huevo duro troceado
Para decorar:
1 ramillete de eneldo
1 ramillete de perifollo
1 ramillete de treviso
2 rábanos

TRUCOS Y CONSEJOS

• *Los ingredientes hay que colocarlos dentro del molde, únicamente cuando la capa de gelatina haya solidificado ligeramente.*

• *Si desea desmoldar el áspic sin estropearlo, sitúe el molde debajo de un chorro de agua caliente durante unos segundos.*

* *Para cocer los langostinos, véase la receta de la página 32.*

** *Es muy importante que la gelatina no llegue a hervir nunca. Además, en el momento de incorporar el caldo de pescado la temperatura no debe sobrepasar –en ningún caso– los 80 °C.*

*** *Para elaborar la mayonesa, véase la receta de la página 32.*

R*etirar* la parte leñosa de los espárragos, lavarlos y cocerlos a fuego vivo en abundante agua con sal, durante 3 minutos; deben quedar un poco duritos. Reservarlos aparte.

• *Pelar* los langostinos cocidos* y trocear los espárragos del tamaño de las ranuras del molde. Reservar.

• *Para* elaborar la gelatina de pescado** se necesita: 1/2 l de caldo de pescado; 100 g de raspas de pescado; 9 hojas de gelatina; 4 claras de huevo; 1/4 de cucharadita de perejil picado; 1/4 de cucharadita de perifollo picado; 1/4 de cucharadita de estragón picado; 25 g de champiñón y el zumo de medio limón.

• *Poner* a remojo las hojas de gelatina –hasta que ablanden– en 1 litro de agua fría, durante 10 minutos.

• *Limpiar,* lavar y trocear los champiñones en láminas finas.

• *Hervir,* en una cacerola de fondo grueso, el caldo de pescado con las raspas troceadas, las claras de huevo, el perejil, el perifollo, el estragón, los champiñones y el zumo de limón.

• *Retirar,* con una espumadera, las raspas del pescado; luego, pasar el resto por el chino y triturarlo haciendo presión con la espátula sobre las paredes del colador.

• *Colar* el resultado, utilizando una estameña o un paño de hilo fino –humedecido previamente–, para quitarle todas las impurezas y darle transparencia. Añadirle las hojas de gelatina y cocerlo durante 15 minutos a fuego medio, sin que hierva. Para que la gelatina no se agarre y tome el color del recipiente, recogerla en uno de barro o porcelana. Probarla, rectificar de sal y dejarla que temple.

• *Encamisar* el molde con gelatina e introducirlo en el congelador 30 minutos antes de su utilización.

• *Pasado* el tiempo, sacarlo, verter un poco de gelatina dentro del recipiente y esparcirla realizando ligeros movimientos en todos los sentidos, para que las paredes se impregnen por igual. Así, la gelatina se irá solidificando al contacto con las frías paredes del molde.

• *Disponer* en las ranuras del molde los espárragos boca abajo, intercalar langostinos y trufas, y rellenar de nuevo con otra capa de gelatina; moverlo cuidadosamente para formar una capa uniforme.

• *Repetir* el proceso cuantas veces sea necesario, hasta completar el molde. Conservar el áspic en el frigorífico hasta que cuaje.

• *Sacarlo,* desmoldarlo y decorarlo con rábanos, eneldo, perifollo y treviso. Servirlo acompañado de salsa mayonesa*** y huevo duro picado.

Barón *de cordero*

Aunque el nombre de esta peculiar receta recuerde un título de dignidad de la nobleza, el barón de cordero *en realidad se refiere a un tipo de corte en el que la pieza de este animal se compone de los dos costillares y de los dos cuartos traseros (la silla y las dos piernas traseras del cordero). Por cordero –del latín* cordus, *«tardío en nacer»– se entiende el hijo de la oveja que no pasa de un año de edad; su carne, rosada y con una ligera veta blanca, es muy estimada. Para esta receta el más recomendable es el lechal –que tiene entre 5 y 7 meses–, ya que es el más tierno.*

Temporada: todo el año
Recomendada para: comida o cena
Número de comensales: 4
Vino sugerido: tinto de la Ribera del Duero
Tiempo total: 1 hora y 45 minutos
Dificultad: media

Precalentar el horno a 180 °C.

• *Utilizar* la varilla y mezclar en un bol el aceite de oliva con la mantequilla, las hierbas y el ajo picado –este último ingrediente es opcional–; después, salpimentar.

• *Disponer* la pieza de carne sobre una placa de hornear y, a continuación –usando un pincel de cocina o bien con las manos–, untarla con la preparación anterior.

• *Seguidamente,* colocar el barón de cordero sobre una parrilla y ésta, a su vez, sobre la placa de hornear; luego, rematar la faena introduciendo el preparado en la parte media-baja del horno previamente calentado.

• *Cocer* a 180 °C, aproximadamente durante 1 hora, rociando la carne de continuo con el jugo. El tiempo estimado de cocción es el correspondiente a 30 minutos por cada kilogramo de carne.

• *Mientras* tanto, pelar las patatas y las cebollas para, de esta manera, cortarlas en rodajas y aros, respectivamente. Acto seguido, introducirlas en el horno unos 25 ó 30 minutos antes de que finalice el tiempo total de cocción, bien distribuidas alrededor de la pieza de carne y rociándolas abundantemente con el jugo de la cocción.

• *Finalizado* el tiempo, sacar el barón de cordero y la guarnición del horno; retirar la placa de hornear con el jugo y volver a introducir en el horno la rejilla con la pieza de carne, durante 10 ó 15 minutos más a 80 ó 100 °C, para que repose con la puerta abierta.

• *Para* extraer todo el jugo de la placa de hornear, rociarla con el vino blanco y rasparla con la espátula de madera. Luego, verterlo en una sartén, darle un hervor a fuego fuerte para reducirlo un poco, removerlo y pasarlo por el chino.

• *Por último,* colocar el barón de cordero en una fuente y acompañarlo de patatas a la panadera. Servir la salsa del jugo de la cocción en una salsera aparte.

Ingredientes

1 barón de cordero de 2 kg
100 g de mantequilla
1 dl de aceite de oliva
1 dl de vino blanco seco
2 cucharadas soperas de hierbas de Provenza
Sal
Pimienta molida al gusto
2 dientes de ajo (opcional)
Para la guarnición:
Patatas a la panadera
1/2 kg de patatas
1 cebolla
Sal y pimienta

Trucos y Consejos

- *Como quiera que el corte de barón no se realiza habitualmente en las carnicerías, habrá que hacerle saber al carnicero la necesidad de que la pieza esté cortada de esta manera.*
- *Aunque para elaborar esta receta es recomendable emplear cordero lechal, también puede hacerse con cordero recental.*

BESUGO asado Bellavista

Temporada: Navidad
Recomendada para: comida y cena
Número de comensales: 4
Vino sugerido: tinto
Tiempo total: 40 minutos
Dificultad: baja

El besugo, al que muchas personas confunden con otras especies parecidas, tiene el cuerpo ovalado, es de color rosáceo con irisaciones plateadas en la zona ventral y sus ojos son de gran tamaño. Su hábitat natural es el Mediterráneo y los océanos Pacífico y Atlántico, este último desde Senegal hasta las costas noruegas. Vive en fondos fangosos de hasta 700 metros de profundidad, donde se alimenta de crustáceos y pequeños moluscos. La familia del besugo la forman alrededor de 200 especies, todas ellas de delicada y blanca carne. Aunque puede cocinarse de muchas formas, un buen ejemplar asado al horno y bien aderezado, es un bocado que no puede olvidarse fácilmente.

INGREDIENTES

1 besugo limpio de 1 kg
1 cucharada sopera de pan rallado
2 dl de aceite de oliva
3 dientes de ajo
1 cucharada sopera de vinagre de vino
1 guindilla roja pequeña
1 ramillete de perifollo

TRUCOS Y CONSEJOS

• A pesar de que el besugo es un pez que se comercializa durante todo el año, solamente visita nuestras costas en los meses de diciembre y enero. Este es el principal motivo por el que suele confundirse con la dorada.

• Si se desea acompañar el besugo con una ensalada, una buena escarola estará a la altura de las circunstancias.

P*edir* en la pescadería que desescamen el besugo y le quiten las vísceras y los ojos; una vez limpio y entero, conservando la espina, que lo abran en dos piezas unidas entre sí.

• *Lavar* el pescado y secarlo con un paño limpio.

• *Precalentar* el horno a 180 °C.

• *Sazonar* el besugo y, después, untarlo con aceite de oliva; realizar ambas operaciones por dentro y por fuera de la pieza, con las manos o utilizando un pincel de cocina.

• *Colocar* el besugo en una fuente de hornear y rociarlo con 1/2 decilitro de aceite.

• *Espolvorear* por encima el pan rallado e introducirlo, de 15 a 20 minutos, en el horno a la temperatura indicada (180 °C). Si la pieza queda poco hecha, estará mucho más jugosa.

• *Mientras* tanto, con el resto del aceite de oliva –a fuego suave durante 1 minuto–, saltear los ajos fileteados muy finos con la guindilla cortada en pequeñas rodajas, sin que lleguen a dorarse.

• *Retirar* el preparado del fuego y añadirle el vinagre, con cuidado de que el aceite no salte.

• *Finalmente,* sacar el besugo del horno y colocarlo sobre una fuente de servir. Rellenar la cuenca del ojo con el perifollo, y recubrir totalmente el besugo con el sofrito de ajos y guindilla.

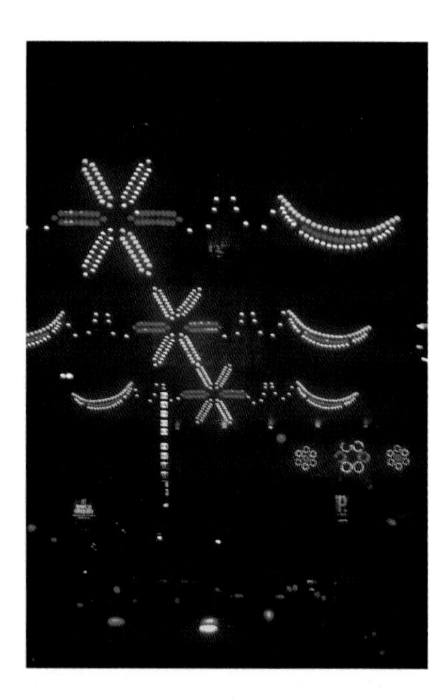

La tradición cristiana ha hecho del besugo un plato clásico de la época navideña, especialmente en Madrid, Aragón y Castilla, donde se consumía habitualmente en la vigilia de la Nochebuena.

BOGAVANTE *Thermidor*

El bogavante es el crustáceo mayor de los de su clase, muy semejante en cuanto a tamaño y forma a la langosta. Su principal diferencia con ésta radica en que las patas de su primer par poseen unas pinzas muy grandes y robustas. De color azul violáceo en estado vivo, cocido luce un rojo intenso. Las hembras son siempre más sabrosas que los machos. Para distinguirlos, sólo hay que levantarles la cola y mirarles el vientre: los machos lo tienen cóncavo y las hembras convexo. El apelativo Thermidor *que recibe esta receta, corresponde al nombre del undécimo mes del calendario de la revolución francesa. Se dice que recibe tal denominación en honor al célebre cocinero parisino Maire que, en la noche de estreno del drama victoriano sardo* Thermidor *(1894), ideó esta fórmula.*

Temporada: todo el año
Recomendada para: comida
Número de comensales: 4
Vino sugerido: blanco afrutado
Tiempo total: 45 minutos
Dificultad: media

Utilizando un cuchillo bien afilado, partir el bogavante longitudinalmente en vivo.

• *Para* cortarlo, primero sujetarlo fuertemente con una mano y, con la otra, seccionar la cola a la larga en dos mitades, comenzando en el punto donde termina la cabeza.

• *Darle* la vuelta al bogavante y ponerlo boca arriba.

• *Continuar* el corte de la cabeza entre las patas, a lo largo.

• *Así* cortado, ya está listo para ser cocinado.

• *Salpimentarlo*, engrasarlo con un poco de mantequilla y hacerlo a la plancha, a fuego fuerte durante 2 ó 3 minutos.

• *Vaciar* los bogavantes con una cuchara y filetear la carne en rodajas o medallones. Reservar los caparazones aparte.

• *Para* elaborar la salsa bechamel, fundir –a fuego medio– la mantequilla en un cazo; luego, espolvorear poco a poco con la harina, removiendo constantemente con la varilla.

• *Cocer* hasta que hayan desaparecido los grumos, sin parar de remover con la varilla. Poco a poco, incorporar el líquido previamente calentado; con el fuego suave, continuar removiendo durante 30 minutos, evitando que la bechamel se pegue al fondo del cazo.

• *A continuación,* mezclar en un bol –usando la espátula– la salsa bechamel con la mostaza y cubrir con una capa fina los fondos de los caparazones.

• *Montar* los medallones y distribuirlos cuidadosamente sobre los caparazones rellenos con la salsa de bechamel y mostaza; luego, añadirles por encima otra capa de salsa bechamel.

• *Finalizar* la receta gratinando el preparado al horno durante 1 ó 2 minutos, hasta que se dore. Opcionalmente, si se desea, antes de introducirlo en el horno se le puede añadir un poco de queso rallado por encima de la salsa bechamel.

INGREDIENTES

1 bogavante de 1,5 ó 2 kg
2 cucharadas soperas de mantequilla
2 cucharaditas de mostaza inglesa
1/4 l de salsa bechamel
Sal
Pimienta blanca
Para la salsa bechamel:
1 cucharada sopera de mantequilla
25 g de harina
1/4 l de líquido: leche, agua o caldo
Sal
Pimienta blanca
Nuez moscada (opcional)

TRUCOS Y CONSEJOS

- *De gran importancia es partir el bogavante en vivo, ya que así se logra que la carne esté más tersa y sea muy jugosa.*
- *Si se pretende que la carne del bogavante quede bien dorada, es preciso mantener la plancha muy caliente.*

CÓCTEL *de langostinos con patatas*

El cóctel de langostinos es un plato muy especial, que no puede faltar en cualesquiera de los grandes acontecimientos de la vida. De preparación muy sencilla y resultado espectacular, si la materia prima no es de primera calidad, puede convertirse en un bocado difícilmente asimilable por nuestros comensales, por mucho que intentemos encubrirlo con salsas y aderezos. El nombre de langostino, *deriva de la palabra «langosta». En Europa se denomina así a esta conocida variedad de crustáceos que, en ningún caso, sobrepasa los 25 centímetros de longitud. Sin embargo, en el continente americano suelen identificarlos con las «gambas».*

Temporada: todo el año
Recomendada para: comida o cena
Número de comensales: 4
Vino sugerido: blanco del Penedés
Tiempo total: 45 minutos
Dificultad: baja

Pelar las patatas y cocerlas en agua con sal al gusto; dejarlas de 25 a 30 minutos, hasta que estén en su punto. Sacarlas del agua y reservar aparte.

• *Mientras* tanto, lavar los langostinos en agua fría y cocerlos en una cacerola con abundante agua hirviendo, aderezada con sal y laurel. Según sea el tamaño de los crustáceos, deben cocerse de 4 a 5 minutos.

• *Para* detener la cocción, sacarlos y sumergirlos unos minutos en abundante agua fría. Una vez se hayan enfriado, reservarlos fuera del agua.

• *Para* hacer la salsa mayonesa poner, en un recipiente mezclador de la batidora de brazo, las 2 yemas de huevo con un poco de sal, el vinagre, la mostaza y la pimienta.

• *Comenzar* a batir a velocidad rápida y, para conseguir una mezcla homogénea de todos los ingredientes –sin dejar de batir en ningún momento–, ir echando un chorrito continuo de aceite de oliva, sin parar, hasta que la salsa espese a nuestro gusto. El «secreto» está en que la cantidad de aceite aportada sea siempre constante, hasta que la salsa esté montada; de no hacerlo así, puede cortarse.

• *Añadir* a la salsa mayonesa las hojas de estragón, finamente troceadas, y mezclarlas bien con el preparado.

• *Pelar* los langostinos y cortar las patatas en rodajas del mismo tamaño.

• *Empleando* un bol o una copa especial de «cóctel de mariscos», disponer primero una base de patatas; luego, una fila de langostinos para, por último, cubrir con una fina capa de salsa mayonesa con estragón.

• *Repetir* esta operación hasta alcanzar los 3/4 de la capacidad del recipiente. Completar intercalando los langostinos y las rodajas de patata –según se aprecia en la ilustración– para, finalmente, decorar con la salsa mayonesa y las hojas de estragón.

Ingredientes

200 g de langostinos crudos
100 g de patatas
1 dl de salsa mayonesa
1 ramillete de estragón fresco
1 hoja de laurel
Sal
Para la salsa mayonesa:
2 yemas de huevo
1/2 cucharadita de vinagre
1/2 cucharadita de mostaza fuerte
Pimienta blanca
Aceite de oliva

Trucos y Consejos

- *Si desea que las patatas le queden mucho más sabrosas, procure utilizar las nuevas de temporada.*
- *Como los langostinos fuera de estación adquieren un precio desorbitado, este cóctel también puede quedar estupendamente empleando en su confección gambas o cangrejos rusos (chatúas).*
- *Téngase en cuenta que un exceso de salsa mayonesa podría dar al plato un sabor demasiado empalagoso, por lo tanto ha de cuidarse de manera especial la cantidad que se aporte al cóctel.*

CONSOMÉ *de buey con trufas en costra*

Temporada: todo el año
Recomendada para: comida o cena
Número de comensales: 4
Vino sugerido: jerez seco
Tiempo total: 1 hora y 30 minutos
Dificultad: media

La original forma de presentar un consomé «en costra», es algo que llama poderosamente la atención. Además, su sabor y su textura hacen que sea un plato muy delicado. Lo importante de esta receta es el contraste que se logra entre el consomé caliente aromatizado con las trufas, la agradable textura de éstas y la costra de hojaldre crujiente. La finura y exquisitez que ofrece esta receta en cada porción, es difícilmente igualable por cualquier otra. Aparte de un buen consomé o una rica sopa, lo único que hace falta para elaborar este manjar es un poco de masa de hojaldre y unos recipientes individuales resistentes al calor del horno. Es una buena forma de presentar un consomé, y la idea de envolver o tapar el recipiente que lo contiene hace que sea más misterioso y agradable para los comensales.

INGREDIENTES

1 lámina de masa de hojaldre congelada
Huevo batido para pintarla
2 huesos de buey con tuétano y carne (2 cortes de ossobuco)
80 g de trufas
1 cebolla
1, 5 l de agua
1 bouquet garnie
Sal
Pimienta negra

TRUCOS Y CONSEJOS

• *Si quiere conseguirse un efecto admirable, es muy importante sellar herméticamente los bordes con la pasta para que durante la cocción no se despeguen.*

• *No abrir la puerta del horno en el transcurso de la cocción, ya que con el cambio de temperatura el hojaldre no subiría y, además, el aspecto y el sabor no serían los mismos.*

* *El* bouquet garnie *consiste en un atado o ramillete compuesto por zanahoria, verde de puerro, perejil, nabo y un clavo de especia.*

Lavar y limpiar la carne.

• *Preparar* el bouquet garnie*.

• *Pelar* y cortar la cebolla en 2 mitades, y quemarlas a fuego fuerte en la olla o cacerola donde se vaya a realizar la sopa.

• *En* la misma cacerola, incorporar el agua y el bouquet garnie hasta que rompa a hervir. Añadir la carne y dejarlo que cueza, de 20 a 25 minutos, a fuego fuerte. Si fuese necesario, añadir más agua y tenerlo otros 20 minutos a fuego lento.

• *Retirar* el bouquet garnie y pasar el consomé por el chino. Dejar que temple un poco y, con una espumadera o usando papel de cocina, retirar la capa de grasa formada en la superficie.

• *Volver* a poner el consomé al fuego y añadir las trufas fileteadas, junto con el jugo de conservación. Cocer el preparado, a fuego medio durante 1 minuto.

• *Transcurrido* el tiempo, retirarlo del fuego y verter el consomé con las trufas en soperas individuales resistentes al calor.

• *Precalentar* el horno a 200 °C.

• *Extender* la masa de hojaldre con el rodillo y cortar una porción para tapar cada sopera.

• *Recubrir* las soperas con la masa de hojaldre descongelada, y sellar los bordes apretándola fuertemente contra el recipiente.

• *Recortar* los bordes que sobran con unas tijeras y, utilizando un pincel de cocina, pintar la masa con huevo batido.

• *Para* que el hojaldre suba, hacer unas ligeras incisiones con un tenedor en la masa, sin traspasarla.

• *Hornear* el hojaldre de 10 a 15 minutos a la temperatura indicada, hasta que suba y esté dorado.

• *Servir* caliente a la mesa en las mismas soperas.

ISLA *flotante*

Temporada: todo el año
Recomendada para: postre
Número de comensales: 4
Vino sugerido: Pedro Ximénez
Tiempo total: 1 hora
Dificultad: media

Debido a su apariencia, textura y sabor, la isla flotante *–o «roca flotante», como la denominan en otros lugares– es uno de esos postres de grato recuerdo al paladar y que gusta saborear en cualquier circunstancia. La sencilla elaboración de esta receta la hace fácilmente asequible a todo tipo de cocineros y cocineras, incluso a los menos hábiles o a los no iniciados. Además, es un postre que tiene su particular variación según el país de que se trate. Así, la variante más conocida es la de Estados Unidos. Las natillas –un poco más ligeras que las tradicionales– y las claras montadas a punto de nieve –moldeadas en una sola pieza– son los ingredientes básicos que componen esta fórmula y que la dotan de su particular sencillez.*

INGREDIENTES

Para las natillas:
1 l de leche
4 yemas de huevo
150 g de azúcar
20 g de harina de maíz
La corteza de 1/2 limón
(sin la piel blanca)
1 varita de canela
Para la isla:
10 claras a punto de nieve
10 cucharaditas de azúcar glas
1/2 dl de caramelo líquido

TRUCOS Y CONSEJOS

• *Si se quiere que las claras monten espectacularmente y mantengan su textura, puede añadírseles unos polvos denominados «Crema de Tartar» o «Cremor Tártaro», que se encuentran fácilmente en tiendas especializadas.*

• *Este postre también puede acompañarse con helado de chocolate o de vainilla.*

Calentar, a fuego suave, el caramelo líquido en un cazo hasta fundirlo; luego, encamisar con él un molde en el que se realizará la isla.

• *Montar* las claras a punto de nieve con la batidora eléctrica, e ir añadiendo lentamente el azúcar glas hasta que estén bien montadas. La consistencia será la adecuada cuando, al darles la vuelta, las claras se queden adheridas al recipiente.

• *Rellenar* el molde caramelizado con las claras a punto de nieve.

• *Precalentar* el horno a 150 °C e introducir en él la isla –durante 30 ó 35 minutos– al baño María.

• *Mientras* tanto, en un cazo, llevar a ebullición la leche con la varita de canela y la corteza de limón. Dejar que hierva 1 minuto y, después, apartar el recipiente del fuego.

• *Retirar* la varita de canela y mantener la leche caliente, poniéndola al baño María. Reservarla aparte.

• *Batir* en un bol las yemas con la varilla y, removiendo sin parar, añadirles poco a poco el azúcar. Incorporar la harina de maíz y, para conseguir una mezcla homogénea, seguir removiendo constantemente en el mismo sentido.

• *Verter* despacio esta última preparación sobre la leche que teníamos reservada al baño María y, para que no se corte, continuar removiendo como se estaba haciendo.

• *Calentar* lentamente el resultado en un cazo –durante 5 minutos, a fuego muy suave–, sin que llegue a hervir en ningún momento. Una vez desaparezca la espumilla de la superficie, es señal de que está en su punto.

• *Retirar* del fuego, verter las natillas en un recipiente amplio y dejarlas enfriar a temperatura ambiente.

• *Por último,* desmoldar la isla y disponerla sobre las natillas. Si se desea, rociar por encima con caramelo líquido.

LANGOSTA *en vinagreta*

Temporada: todo el año
Recomendada para: comida o cena
Número de comensales: 4
Vino sugerido: cava
Tiempo total: 30 minutos
Dificultad: baja

La langosta es, junto con el bogavante, uno de los crustáceos de mayor tamaño y su carne se tiene por manjar delicado. De color oscuro y carente de pinzas, alcanza hasta 50 centímetros de longitud; tiene cinco pares de patas, cuatro antenas –las laterales muy largas y fuertes–, ojos prominentes, cuerpo casi cilíndrico revestido por un duro caparazón, y cola larga y gruesa en la que se concentra la mayor parte de su carne. Aunque habita en las aguas de las costas templadas, también pueden encontrarse buenos ejemplares en los viveros. Si bien esta receta puede ampliarse a otro tipo de crustáceos y mariscos, su éxito radica en escoger piezas de calidad y en preparar una buena salsa vinagreta que esté a la altura de las circunstancias.

INGREDIENTES

1 langosta de 1,5 kg
2 hojas de laurel
1 chalota
1 tomate sin piel ni semillas
1 pepinillo grueso en vinagre
1 puñado de hojas de canónigo
1 ramillete de eneldo fresco
1 ramillete de tomillo fresco
1 ramillete de cilantro (opcional)
1 huevo duro, sin cáscara
1 dl de aceite de oliva de 0,4º
1 dl de aceite de oliva virgen
1 cucharada de vino blanco seco
2 cucharadas de vinagre de jerez
1 cucharadita de mostaza de Dijón
Sal
Pimienta blanca

TRUCOS Y CONSEJOS

- *Para que el sabor de las salsas no se altere, es preciso conservarlas a la temperatura adecuada. Así, después de elaborar la salsa vinagreta se debe introducir en el frigorífico para, luego, dejarla reposar a temperatura ambiente antes de su utilización.*
- *El tiempo ideal de cocción para lograr que la langosta esté en su punto, se consigue dejándola 5 minutos en agua hirviendo; este tiempo es suficiente para que la carne quede tersa y conserve todo su sabor.*

Introducir la langosta viva en una cacerola de paredes altas, para cocerla en abundante agua hirviendo con sal y 2 hojas de laurel; dejarla durante 8 ó 10 minutos, sin taparla.

• *Finalizada* la cocción, sacar la langosta del agua caliente e introducirla en un recipiente con abundante agua fría, para detener la cocción y que enfríe.

• *Una* vez fría, retirarla del agua y arrancarle la cabeza con las manos.

• *Partir* el caparazón de la langosta. Para ello, situar la cola de perfil –bien estirada sobre una tabla de cocina– y oprimirla fuertemente con las dos manos hasta conseguir quebrarla. Pelar la cola de la langosta como si fuese una gamba, filetearla y reservarla aparte.

• *Mientras* tanto, trocear en dados muy pequeños la chalota, el tomate pelado y el pepinillo. Reservar aparte.

• *Picar* muy fino el eneldo, el cilantro –este ingrediente es opcional–, el tomillo y el huevo duro.

• *Mezclar* en un bol los dos tipos de aceite, el vinagre de jerez, el vino blanco y la mostaza; luego, batirlos enérgicamente con la varilla hasta que hayan ligado por completo.

• *A continuación,* añadir las hierbas picadas, el huevo y, por último, las verduras –la chalota con el pepinillo y el tomate.

• *Ligar* bien el preparado y salpimentar al gusto. Si tenemos la suerte de que la langosta trae huevas, pueden añadirse a la vinagreta. Este detalle dará a la salsa colorido, textura y sabor.

• *La parte* comestible de la cabeza de la langosta, también puede aprovecharse. Para ello, se saca con una pinza y se incorpora a la salsa vinagreta.

• *Verter* la mezcla así obtenida en un recipiente con tapa hermética y agitarlo con fuerza como si fuese una coctelera.

• *Conservar* la mezcla en el frigorífico durante 2 horas para, seguidamente, sacarla 15 minutos antes de su uso y que adquiera la temperatura ambiente.

• *Finalmente,* disponer las rodajas de langosta en una fuente o plato de servicio, cubrirlas totalmente con las salsa vinagreta, y decorarlas con las hojas de canónigo y el eneldo.

LUBINA *en papillote*

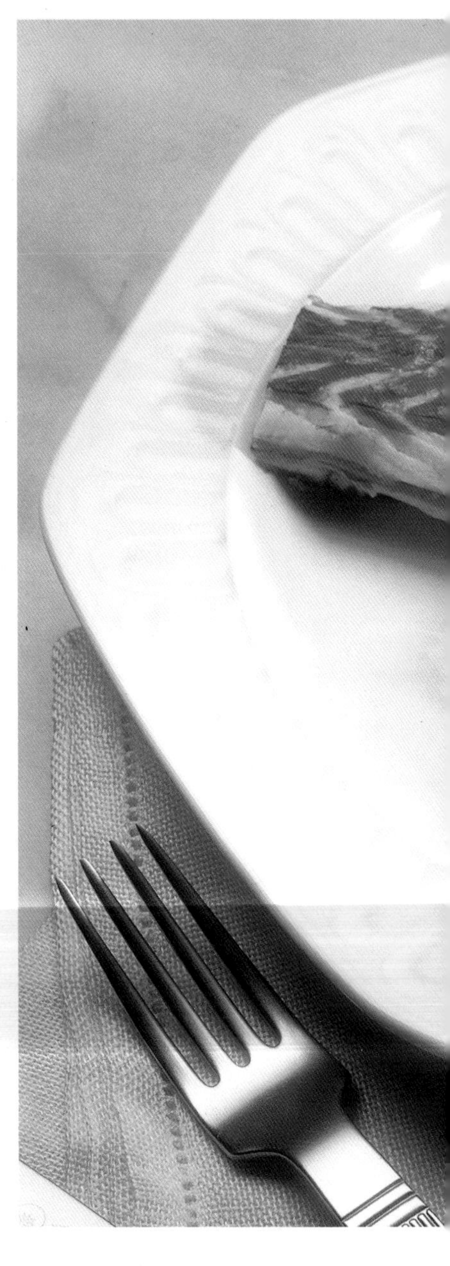

La blanca y delicada carne de la lubina hace que esta sea muy apreciada en el arte culinario. Su hábitat natural son las aguas del Mediterráneo y del noreste Atlántico, siendo conocida también con el nombre de róbalo *o* llobarro*. De cuerpo estilizado, cabeza apuntada, boca grande con dientes pequeños y agudos, color metálico y línea lateral negruzca, dos aletas en el lomo y cola recta, puede llegar a medir hasta 1 metro de longitud. Este conocido método de cocinar «a la papillote» consiste en introducir los alimentos, generalmente pescados o verduras, dentro de un envoltorio realizado con papel de aluminio o parafinado –engrasados previamente con mantequilla o aceite– para, posteriormente, asarlos al horno o a la plancha.*

Temporada: todo el año
Recomendada para: comida y cena
Número de comensales: 4
Vino sugerido: blanco de Cádiz o de Jerez
Tiempo total: 45 minutos
Dificultad: baja

Pedirle al pescadero que desescame la pieza de lubina conservando la piel, la descabece y le quite la cola y las vísceras.

• *Precalentar* el horno a 180 °C y preparar el asado a la papillote*, colocando el pescado sobre papel de hornear (de aluminio o parafinado resistente al calor).

• *Salpimentar* la lubina por dentro y por fuera, y añadirle el aceite de oliva, el zumo de limón, la mantequilla y el ramillete de eneldo.

• *Formar* el papillote cerrando el envoltorio e introducirlo, durante 15 ó 20 minutos, en el horno previamente calentado a la temperatura indicada (180 °C).

• *Una vez* finalizado el tiempo de asado, sacar el asado a la papillote del horno, abrirlo y quitarle la piel a la lubina tirando cuidadosamente de un extremo.

• *Colocar* el pescado en una fuente de servicio, decorarlo con la salsa mayonesa**, unas rodajas de limón y un poco de eneldo.

• *Servirlo* inmediatamente a la mesa.

EL PLACER DE UN LOBO

El historiador Plinio –en su *Historia Natural*– denomina a la lubina con el nombre científico *lupus lanatus*, por la exquisita suavidad de su carne y la mucha estima que gozaba entre las gentes de la antigua Roma. San Isidoro, en su obra *Etimologías*, va más allá y le asigna el nombre único de *lupus* (lobo), en clara referencia a la gran voracidad de este pez, enormemente ingenioso en la captura de piezas que le sirvan de alimento. La palabra *lupus* deriva a *lupinus* (propio del lobo); y de aquí a *lupina*, para determinar finalmente la de «lubina». De esta misma raíz latina proviene la denominación catalana «llobarro», que por metátesis origina las palabras «róbalo» y «roballiza», como se dice en muchos pueblos norteños.

La carne de la lubina, de gran riqueza de aromas y finura al paladar, contiene un 16,7% de proteínas, un 0,7% de hidratos de carbono y un 3,6% de grasas. Cada 100 gramos de este alimento proporcionan unas 100 kcal.

Ingredientes

1 lubina de aproximadamente 1 kg, ya limpia, sin cabeza ni cola
El zumo de 1 limón
1 ramillete de eneldo
1 dl de aceite de oliva
50 g de mantequilla
2 dl de salsa mayonesa**
Sal
Pimienta blanca

Trucos y Consejos

• El tiempo de asado de la lubina ha de ser el indicado en la receta, si no el pescado se deshace y pierde textura.

• Para que el pescado no se rompa ni se escape el vapor, el papillote debe cerrarse herméticamente.

• Si el papel utilizado para realizar el asado a la papillote es de aluminio, los ingredientes hay que colocarlos sobre la parte menos brillante o mate. De no hacerlo así, los productos alimenticios pueden oxidarse. Por el contrario, si se utiliza papel parafinado, se sellará con un poco de «engrudo» elaborado con harina y huevo batido.

** En la página 70 se muestra, paso a paso, la preparación de un alimento a la papillote.*

*** Si desea realizar salsa mayonesa casera, véase la receta de la página 32.*

MUSLOS *de pato con lentejas*

De procedencia lejana y gran exquisitez, esta receta tiene un gran valor sentimental para el que suscribe estas líneas. Recuerdo que hace 15 años un grupo de amigos realizamos un viaje a Pakistán. Una vez en la capital, nuestra máxima preocupación era qué comer. Así las cosas, nuestros temores se desvanecieron al depararnos el destino nuevas vivencias. Allí la suerte nos encaminó hacia un mercadillo en el que se comercializaban viandas, entre ellas unas lentejas rojas pequeñitas de sabor extraordinario. Sin embargo, lo mejor fue el descubrimiento de un «garito» en el que una lugareña hacía un guiso con estas lentejas y un curry muy suave. Este condumio –difícil de olvidar– se acompañaba, además, de pato azulón silvestre. Esta fórmula se adapta más a nuestro gusto, al sustituir el curry por tocino.

Temporada: todo el año
Recomendada para: comida
Número de comensales: 4
Vino sugerido: clarete de El Bierzo
Tiempo total: 1hora y 30 minutos
Dificultad: media

E*char* las lentejas en una olla y cubrirlas con agua fría; luego añadir la sal, la media pastilla de caldo de ave, la mitad de la cebolla, medio puerro y 30 gramos de tocino troceado.

• *Cocer* el preparado, a fuego medio durante 40 minutos, hasta que las lentejas ablanden. Reservar aparte.

• *Lavar,* pelar y picar muy finas las 3 zanahorias, la mitad de la cebolla restante y el medio puerro; agregar los otros 70 gramos de tocino, troceados finamente.

• *Verter* el aceite de oliva en un cazo de paredes medias y saltear –a fuego medio durante 5 minutos– el puerro, la cebolla, las zanahorias picadas, las bayas de pimienta rosa, el romero y el tocino.

• *Espolvorear* el preparado con 1 cucharada sopera de harina, cocer a fuego medio 2 minutos y remover siempre que sea necesario; a continuación, rociarlo con el vino blanco y reducirlo durante 1 minuto.

• *Añadir* el caldo de ave y los muslos de pato previamente sazonados. Tapar y dejar que cueza 20 minutos a fuego fuerte, o hasta que los muslos estén tiernos.

• *Transcurrido* el tiempo de cocción, retirar los muslos de pato. Después, triturar la salsa con el brazo mecánico, pasarla por el chino, probarla y, si es preciso, rectificarla de sazón.

• *Calentar* de nuevo –a fuego suave– la salsa en la olla e incorporar otra vez los muslos de pato, dándoles un hervor de 2 minutos.

• *Mientras* tanto, cocer las verduras de la guarnición –la zanahoria cortada en dados y el brécol– en otra cazuela abundante de agua y sal. Dejarlas 10 ó 12 minutos y reservar aparte.

• *Servir* a la mesa los muslos de pato con la salsa, y acompañarlos con las lentejas estofadas y la guarnición de verduras. Decorar el plato con el romero.

Ingredientes

4 muslos de pato
*200 g de lentejas de cocción rápida**
100 g de tocino
4 zanahorias
1 cebolla
1 puerro
1/2 pastilla de caldo de ave concentrado
1 dl de vino blanco
1 dl de caldo de ave
1 cucharada sopera de harina
125 g de brécol
50 g de zanahoria
1 ramillete de romero
Sal
Bayas de pimienta rosa

Trucos y Consejos

- *Si desea que el pato quede algo crujiente por fuera, debe saltearse 2 minutos en la sartén antes de ponerlo con las verduras picadas y el tocino.*
- *Los muslos de pato se encuentran fácilmente, ya cortados y envasados al vacío, en establecimientos de alimentación y grandes superficies.*
- *Para darle al plato un toque «exótico», añadirle a las verduras salteadas una cucharada de curry.*
- *Si la cantidad de salsa obtenida es escasa, puede aumentarse añadiéndole un poco más de caldo de ave. Si además ha quedado poco ligada, basta agregarle una cucharada sopera rasa de maicena para espesarla.*

** La lenteja de cocción rápida, no necesita ponerse a remojo la víspera.*

PASTEL San Honoré

Temporada: todo el año
Recomendada para: postre o merienda
Número de comensales: 4
Vino recomendado: dulce
Tiempo total: 1 hora y 30 minutos
Dificultad: alta

Este exquisito pastel parisino, de rancia tradición y abolengo, se dice que debe su nombre al santo patrón de los panaderos y pasteleros franceses. Aunque hay quien afirma que le viene de la calle Saint Honoré *(París), lugar en el que el famoso pastelero Chiboust hizo realidad la célebre crema de relleno de su creación. Lo que sí es indudable es que la crema de relleno –también llamada Saint Honoré, chantilly o nata montada...– se denomina Chiboust en honor al genio creador de tan singular pastelero. Aparte de que el pastel está buenísimo, esta receta ofrece la ventaja adicional de que, al tiempo que se elabora, se aprende igualmente a confeccionar profiteroles.*

INGREDIENTES

100 g de pasta quebrada
300 g de masa de profiteroles (pasta choux)
75 g de harina
65 g de mantequilla
1 1/4 l de agua
4 huevos
1 pizca de sal
125 g de azúcar
30 g de miel o caramelo líquido
200 g de nata montada con azúcar y 2 yemas de huevo
1 huevo batido para decorar

TRUCOS Y CONSEJOS

- *Si se desea un toque más original, en vez de miel o caramelo puede rociarse por encima con mermelada de albaricoque o de melocotón.*
- *Para elaborar la nata montada con yemas, se necesita: 1 l de nata líquida para montar, bien fría; 4 yemas de huevo y azúcar glas al gusto.*
  – Poner la nata líquida con las dos yemas en un recipiente de la batidora de brazo. Batir sin parar, haciendo movimientos circulares de arriba a abajo para que se airee. Cuando suba, parar un instante y añadir el azúcar glas; luego, continuar unos segundos más hasta que se disuelva en la nata.

P*ara* elaborar la masa de profiteroles, calentar el agua con la sal y la mantequilla y, una vez ésta se disuelva, hervir el preparado durante 2 minutos.

• *Retirar* el cazo del fuego y, de una sola vez, incorporarle la harina tamizada. Remover con la espátula, hasta conseguir una masa lisa y sin grumos.

• *Colocar* de nuevo el cazo a fuego medio y, removiendo constantemente durante 4 minutos, formar una masa compacta y suelta. Debe quedar muy espesa.

• *Retirarla* del fuego y dejarla que temple unos minutos; seguidamente, añadirle los huevos uno a uno e integrarlos en la mezcla removiéndola enérgicamente hasta lograr una masa homogénea.

• *Formar* los profiteroles sobre la placa de hornear engrasada previamente con mantequilla; hacerlos del tamaño de una nuez.

• *Utilizar* un pincel de cocina y pintarlos con el huevo.

• *Precalentar* el horno a 160 °C y hornearlos durante 3 ó 4 minutos. Finalmente, sacarlos, dejarlos enfriar y reservarlos aparte.

• *Estirar* la masa quebrada con un rodillo, laminarla con un espesor de 3 milímetros y colocarla sobre una placa de hornear humedecida previamente con agua. Después, utilizando el molde como plantilla, cortar una circunferencia de masa de 20 a 25 centímetros de diámetro.

• *Pinchar* la masa con un tenedor, para evitar que se infle; luego, pintarla con el huevo batido.

• *Precalentar* el horno a 170 °C e introducir el molde con la masa durante 30 minutos; sacarla, dejarla enfriar y desmoldarla.

• *Para* rellenar los profiteroles, hacerles un pequeño corte lateral. A continuación, rellenarlos de nata montada empleando una manga pastelera de boca ancha.

• *Colocar* los profiteroles alrededor de la base circular de la pasta quebrada y disponerlos ordenadamente hacia el interior, hasta completarla.

• *Utilizar* la manga pastelera de boca ancha, realizar con ella bolas de nata y colocarlas sobre los profiteroles. Intercalar los profiteroles y la nata hasta completar la obra.

• *Por último,* finalizar el pastel «San Honoré» rociándolo con la miel o con el caramelo líquido.

PAVO relleno

Temporada: todo el año
Recomendada para: comida y cena
Número de comensales: 10
Vino sugerido: tinto de Rioja
Tiempo total: 2 horas y 15 minutos
Dificultad: media-alta

Originario de América del Norte, el pavo común es un ave galliforme cuyo nombre indígena es guajolote. Al llegar los españoles al Nuevo Mundo le pusieron el nombre de «pavo» debido a su forma de hacer «la rueda», es decir, por la manera de desplegar su cola en abanico como el pavo real. Su alimento es muy variado, siendo de su preferencia el maíz, la bellota y la nuez. Antiguamente, los pavos silvestres vivían formando grandes grupos en libertad; hoy, sólo pueden encontrarse en México. Su carne es un producto muy apreciado en gastronomía, sobre todo en grandes fiestas y celebraciones. Así, el hábito alimentario de consumir carne de pavo ha aumentado considerablemente, ocupando Francia el primer lugar y seguida de cerca por Estados Unidos, donde se consume especialmente el día de «Acción de Gracias».

INGREDIENTES

1 pavo de 3 kg, deshuesado para rellenar
300 g de tocino
300 g de magro de cerdo picado
300 g de ternera picada
2 huevos
1/4 dl de brandy
1 dl de caldo de ave
1/2 dl de nata líquida
50 g de miga de pan
1 ramillete de perifollo
1 cebolla
50 g de jamón serrano
El zumo de 1 limón
1 dl de aceite de oliva
Sal, pimienta blanca y nuez moscada
Para decorar:
10 g de zanahoria rallada

TRUCOS Y CONSEJOS

• *Una vez frío, este plato se transforma en un fiambre delicioso.*
• *Si es posible, pídale a su carnicero que elimine el esqueleto del pavo, sin deshuesarle las patas ni las alas. De esta manera, se dispondrá de cuatro piezas para asar y de la parte central para rellenar.*

Pedir al carnicero que deshuese el pavo; después, lavarlo, secarlo con un paño limpio y salpimentarlo por dentro y por fuera.

• *Picar* muy fino el tocino, la cebolla y el perifollo; luego, mezclar todo en un bol con el magro de cerdo, la ternera picada, los 2 huevos, la miga de pan, el jamón cortado en dados de 0,5 centímetros de lado, la nuez moscada y el zumo de limón.

• *Amasar* todo bien, a mano o con la batidora de brazo, hasta formar una masa homogénea.

• *Rellenar* el pavo con esta preparación, presionando con fuerza para que no queden huecos.

• *Precalentar* el horno a 150 °C e introducir el pavo relleno dentro de una malla de carnicería o, si se quiere que no le queden marcas, bridarlo; es decir, atarlo con una cuerda o bramante.

• *Colocar* el pavo relleno en una fuente de hornear engrasada previamente con el aceite de oliva y, a continuación, hornearlo durante 1 hora.

• *Pincharlo* de vez en cuando para ver si está hecho y dejarlo en el horno 30 minutos más, a 180 °C, hasta que se dore.

• *Sacar* el pavo del horno, retirarlo de la fuente y reservarlo aparte.

• *Elaboración* de la salsa. Rociar la fuente con el brandy, flamear el jugo hasta que la llama se extinga, raspar el fondo con la espátula, añadir el caldo de ave y remover el resultado.

• *Verter* la salsa así obtenida en un cazo y, a fuego fuerte, darle un hervor de 1 minuto. Pasarla por el chino, calentarla de nuevo y ligarla con la nata líquida, dándole otro hervor de 1 minuto.

• *Servir* el pavo en una fuente, acompañado de zanahoria rallada y desprovisto de la malla de carnicería o el bramante. Poner la salsa en una salsera aparte.

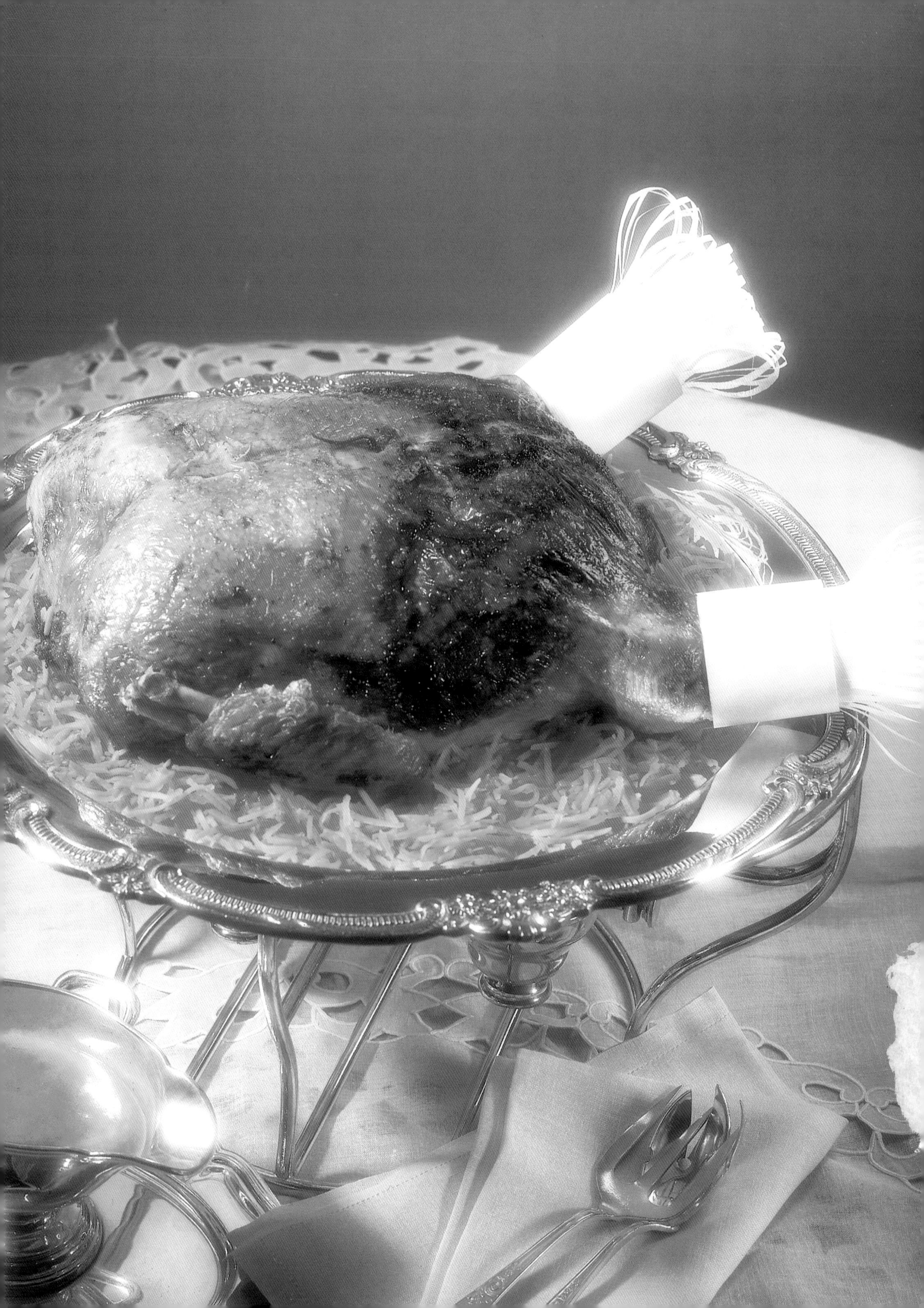

PERDICES *estofadas al estilo de Toledo*

La perdiz común roja es un ave gallinácea y el ingrediente básico de este plato. Muy frecuente en el centro y sur de España, tiene el pico y las patas rojas, cabeza pequeña, plumaje pardo con bandas blancas y negras en los laterales, y una longitud de hasta 35 centímetros. Además, existen otros géneros relacionados con la familia del faisán, como es el caso de la gris o pardilla –que habita el norte de España y el centro de Europa–, algo menor que la anterior y denominada así por tener el pico y las patas de color verdoso. En temporada de caza son piezas muy valoradas, siendo las hembras más sabrosas. Aparte de la manera de cocinarlas expuesta en estas páginas, también pueden hacerse asadas, braseadas...

Temporada: caza
Recomendada para: comida
Número de comensales: 4
Vino sugerido: rioja de crianza
Tiempo total: 1 hora y 30 minutos
Dificultad: media-alta

L*avar,* limpiar y eliminar los restos de plumas de las perdices, si los hay. Reservar aparte los menudillos y salpimentar las aves.

• *Lavar,* pelar y cortar finamente la zanahoria, la cebolla, el puerro y el ajo. Reservar aparte.

• *Dorar* a fuego fuerte las perdices; hacerlo en una cacerola grande de paredes altas, utilizando aceite de oliva. Dejar que se hagan durante 5 minutos, dándoles la vuelta para que se doren por ambos lados.

• *Terminado* el proceso, retirarlas del fuego, reservarlas y –en el mismo recipiente– rehogar el tocino a fuego medio durante 2 minutos.

• *Añadir* los menudillos y las verduras cortadas reservadas anteriormente; después, saltear todo durante 5 minutos, mientras se remueve con la espátula.

• *Colocar* las dos perdices sobre las verduras salteadas, rociarlas con el brandy y flamearlas hasta que la llama se extinga.

• *Agregar* el caldo de ave, tapar la cacerola y cocer todo alrededor de 1 hora –o hasta que las perdices estén tiernas al pincharlas– a fuego medio.

• *Sacar* las perdices y triturar la salsa con el brazo eléctrico; luego, pasarla por el chino.

• *Probar,* rectificar de sazón e incorporar –opcionalmente– la salsa española.

• *Darle* a la salsa un hervor de 2 minutos, ligarla con la harina de maíz e introducir las dos perdices partidas a lo largo en dos mitades cada una.

– *Para* elaborar la salsa española se necesita: 1/4 kg de recortes de ternera sin grasa, 1 hueso de codillo, 1 dl de aceite de oliva, 2 cebollas, 125 g de zanahorias, 2 puerros, 1 cucharada rasa de harina, 1 bouquet garnie, 1 1/2 litro de agua fría y 2 cubitos de concentrado de carne.

• *Pelar* y partir una cebolla en dos mitades; sin removerla, dorarla en una cazuela sin aceite. Retirarla y reservarla para darle color a la salsa.

• *Pelar* y trocear la otra cebolla. Dorarla en aceite, a fuego medio durante 10 minutos, removiéndola con la espátula. Añadir los recortes de carne, rehogarlos 2 minutos e incorporar los puerros cortados en dados. Agregar la harina, rehogar 5 minutos y continuar removiendo.

• *Verter* el agua, los cubitos, el bouquet garnie, el hueso y la cebolla quemada. Cocer, a fuego lento, durante 2 horas y 30 minutos.

• *Retirar* el hueso y el bouquet garnie; pasar la salsa por el colador chino. Calentarla, rectificar de sal y reducirla a fuego lento.

Ingredientes

2 perdices
1 dl de aceite de oliva
2 zanahorias
1 cebolla
1 puerro
2 dientes de ajo
80 g de tocino troceado
1/2 dl de brandy
Pimienta negra molida
Sal
1 litro de caldo de ave
1 dl de salsa española (opcional)
1 cucharada sopera de harina de maíz

Trucos y Consejos

• Téngase en cuenta que la carne de caza tiene un color más oscuro, sabor muy fuerte y es un poco dura.

• Como quiera que la edad del animal es un factor decisivo a la hora de preparar nuestro plato, es muy importante conocerla a la hora de efectuar la compra del ave de caza. Así, las perdices jóvenes tienen la pluma «remera» –la primera grande del ala– más afilada que los ejemplares de mayor edad.

PIERNA *de jabalí*

Temporada: caza
Recomendada para: comida
Número de comensales: 10 a 12
Vino sugerido: tinto navarro
Tiempo total: 2 a 3 horas
Dificultad: media

El jabalí salvaje es un mamífero que abunda en Europa, Asia, norte de África y ciertas zonas de América. Antecesor del cerdo doméstico, habita bosques y montes de vegetación espesa. Aunque es omnívoro, se alimenta principalmente de bulbos, raíces y tubérculos que busca hozando entre la vegetación. Su cuerpo está cubierto de cerdas, tiene un morro alargado y luce poderosos colmillos que utiliza como defensa. Apreciada pieza de caza, alcanza 1,8 metros de longitud y 90 centímetros de altura. La hembra es más pequeña que el macho, y se reproducen una vez al año. Las crías, o jabatos, tienen el cuerpo rayado, por lo que también se les denomina «rayones». La etapa de crecimiento dura hasta los 4 ó 5 años. Su carne es muy apreciada en gastronomía. La de los jóvenes es tierna, en tanto que la de los mayores debe colgarse –una vez pelados y eviscerados– durante 2 ó 3 días al oreo, antes de cocinarla. Previamente a su elaboración, hay que adobarla.

INGREDIENTES

1 pernil de jabalí con hueso, de 3 kg aproximadamente
2 dl de aceite de oliva
4 dientes de ajo
1,5 l de caldo de carne
1/2 dl de brandy
1/2 dl de nata líquida
1 ramillete de romero
1 ramillete de tomillo
10 bayas de enebro
Sal
Pimienta negra
Para la guarnición:
Mermelada de frambuesa
Manzanas cocidas

TRUCOS Y CONSEJOS

- *Como este plato está recomendado para 10 comensales o más, es muy apropiado para celebrar fiestas caseras de compromiso. Además, como siempre sobra algo, puede conservarse perfectamente en el frigorífico para el día siguiente.*
- *El jabalí puede acompañarse de una buena ensalada y unas patatas gratinadas.*

** Los dientes de ajo con camisa son dientes de ajo sin pelar.*

Lavar y quitar la grasa sobrante al pernil del jabalí.

• *Mezclar* en un bol el aceite de oliva con el romero, el tomillo y las bayas de enebro. Salpimentar la pieza de carne y untarla con este salsamento.

• *Poner* el jugo de maceración sobrante en una fuente de hornear de paredes medias y añadir el caldo de carne, los dientes de ajo con camisa* y el pernil del jabalí.

• *Precalentar* el horno a 180 °C e introducir el preparado, durante 2 horas y 30 minutos ó 3 horas, hasta que al pincharlo se vea que está tierno.

• *Regar* la pieza del jabalí, colocada sobre la fuente, con el líquido de cocción. Darle la vuelta a mitad del proceso y, a medida que se hornea, seguir regándola con el caldo hasta que esté hecha.

• *Retirar* la pieza de la fuente una vez asada; luego, para poder cortarla mejor, colocarla sobre un jamonero o instrumento similar.

• *Elaborar* la salsa raspando la fuente de hornear con la espátula, añadirle el brandy y flamearla hasta que se apague; finalmente, pasarla por el chino.

• *Verter* la salsa así obtenida en una sartén y añadirle la nata líquida. Darle un hervor de 2 minutos y remover, de vez en cuando, hasta que esté lista para servir.

• *Además* de la salsa y de la mermelada de frambuesa, como guarnición pueden cocerse unas manzanas hechas rodajas, peladas y sin el corazón. Para ello, se hierven 2 minutos en agua con limón y, a continuación, se sirven.

En el pasado, la ley prescribía que la caza mayor, y dentro de ella la del jabalí, sólo podía ser abatida y cobrada por los grandes señores de la nobleza. Pero el pueblo llano, sobre todo el de zonas montañosas, siempre cazó por motivos de subsistencia.

PIERNA *de ternera*

Temporada: todo el año
Recomendada para: comida y cena
Número de comensales: 4 a 6
Vino sugerido: rioja reserva
Tiempo total: 1 hora y 30 minutos
Dificultad: media

La ternera es la cría de la vaca. Su nombre viene de «tierna», y hace referencia a los ejemplares que no han cumplido el año de edad. Su carne es rosada, blanda, delicada y de sabor suave. La ternera de leche que no ha pastado todavía, se denomina «recental». Si el ejemplar está criado de manera natural, a la antigua usanza –es decir, exclusivamente con leche–, su carne es pálida, con cierto aroma lácteo, recubierta de grasa satinada y exenta de coloración rojiza. Todas estas características indican que el animal no ha sido alimentado con hierba, pienso compuesto, etcétera. Por todo lo expuesto, hay que ser muy exigente a la hora de adquirir la pieza de ternera. Así, se elegirá un buen jarrete, sin nervios, que no tenga tendones y con poca grasa.

INGREDIENTES

1 kg de jarrete de ternera, en una pieza limpia de huesos, piel y grasa
1 dl de vino blanco
1 dl de caldo de carne
1 cucharada sopera de maicena
2 manojos pequeños de perejil
2 dl de puré de patatas
1 dl de aceite de oliva
Sal
Pimienta negra

TRUCOS Y CONSEJOS

• *Al comprar la carne es aconsejable ser generoso en la cantidad ya que, si sobra, puede conservarse en el frigorífico como fiambre. En este caso, el acompañamiento ideal es una salsa de rábano picante* Apfel meretich *u* Horse raredish, *de fácil adquisición en establecimientos especializados.*

** Si se desea acompañar la carne con perejil frito, freírlo –a fuego fuerte durante 1 minuto– en abundante aceite de oliva; después, escurrirlo y añadirle sal. Muy importante es que el perejil esté completamente seco antes de freírlo, ya que, en caso contrario, el aceite saltará.*

A*tar* la carne con una malla de carnicería, salpimentarla y untarla con un poco de aceite de oliva.

• *Verter* el aceite sobrante y 1/2 dl de caldo de carne en una fuente de hornear. Colocar en ella la pieza.

• *Precalentar* el horno a 180 °C y hornear la pieza de 50 a 70 minutos, rociándola cada 10 ó 15 minutos con el líquido de la cocción. La carne ha de quedar tierna por dentro y ligeramente dorada por fuera. No es aconsejable comer la carne de ternera muy cruda.

• *Finalizado* el asado, sacarlo del horno, retirar la carne y raspar la fuente con una espátula. Añadir el resto del caldo, el vino blanco y pasar la salsa por el chino.

• *Reducir* la salsa, dándole un hervor de 2 ó 3 minutos. Si es necesario, espesarla un poco con la maicena.

• *Antes* de presentar la carne a la mesa, retirarle la malla y ponerla en una bandeja acompañada de perejil frito*. Servir aparte la salsa y el puré de patata.

GATO POR LIEBRE

Todo sucedió en un otoño de 1890. Una denuncia bien documentada alertó al Ayuntamiento de Madrid sobre un presunto fraude: Se estaba expendiendo carne de asno (burro), en circunstancias de crianza y de edad similares a las de ternera, por carne de este animal. Los técnicos municipales comprobaron la realidad del engaño y, asombrados, descubrieron que «en crudo se parece mucho a la de ternera y que se confunde con ella cuando está condimentada». ¡Qué cosas pasan!

Un consejo: La carne de ternera debe adquirirse cuando ya esté «metidita en carnes»; aunque, eso sí, sin exceso de grasa. La edad más propicia para el sacrificio de la res es la que se acerca al año pues, según se dice, si es excesivamente lechal ofrece una carne un poco pegajosa al paladar y no demasiado sana.

RIOJA
COSECHA 1981
HARO-ESPAÑA
75 cl

PULARDA
al vino tinto

Temporada: todo el año
Recomendada para: comida
Número de comensales: 4
Vino sugerido: tinto reserva de la Ribera del Duero
Tiempo total: 2 horas
Dificultad: media-alta

El nombre de esta gallina proviene de la palabra francesa poularde, *que significa «pollo cebado». La carne de este tipo de gallina nueva, de crecimiento medio –entre 7 y 8 meses– y especialmente cuidada y cebada, es más suculenta que la de pollo y más fina que la de capón. Es un ave de corral que ha crecido en libertad y se ha alimentado a la antigua usanza, es decir, con grano. Todos estos condicionantes hacen que su carne tenga mejor sabor y textura que la de pollo. Además, existen algunas variedades muy apreciadas y de reconocida fama internacional, como las francesas del municipio de Bresse. Aunque el ingrediente básico de esta receta es la pularda, también es muy meritorio un buen pollo, que si es de corral y criado con grano, poco o nada tendrá que envidiar a la mejor de las pulardas.*

INGREDIENTES

1 pularda o un pollo de 1,5 kg
3/4 de l de caldo de ave
3/4 de l de vino tinto
1 cebolla
1 zanahoria
2 cebolletas
1 1/2 cucharadas soperas de harina
3 cucharadas soperas de azúcar
1 dl de aceite de oliva
20 g de mantequilla
4 bayas de enebro
Sal
Pimienta blanca

TRUCOS Y CONSEJOS

• *La adecuada elección del vino tinto es fundamental para obtener el éxito de la receta, ya que el resultado final está en estrecha relación con la calidad y la cantidad del vino utilizado en la confección de la salsa. Por este motivo, es muy plausible ponerle poco vino al principio y probarla repetidamente para que no se torne demasiado ácida.*

• *Es imprescindible probar los guisos durante su cocción, para evitar así sorpresas desagradables.*

Limpiar, lavar con esmero y quitar los restos de plumas de la pularda. Trocearla en 4 piezas: 2 pechugas y 2 muslos; reservar aparte los menudos.

• *A continuación,* salpimentarla y dorarla por ambos lados con el aceite de oliva –a fuego fuerte, durante 2 ó 3 minutos–, en una sartén de paredes altas. Pasado el tiempo, retirarla y reservarla aparte.

• *En* el mismo aceite, añadir la mantequilla y saltear –durante 2 minutos– los menudos con la cebolla picada finísimamente.

• *Salpicar* el preparado con la harina, removerlo y mojarlo con el vino tinto. Seguidamente, añadir el azúcar y las bayas de enebro; cocerlo a fuego medio durante 10 minutos, destapado y removiendo de vez en cuando.

• *Después,* una vez añadido el caldo de ave caliente y la pularda, dejar que cueza a fuego medio alrededor de 40 minutos.

• *Mientras* tanto, lavar, tornear y cocer las verduras en abundante agua con sal durante 8 ó 10 minutos. Reservarlas aparte.

• *Transcurrido* el tiempo de cocción, sacar la pularda de la cazuela y pasar la salsa por el chino. Rectificar de sazón probando la salsa y, si fuese necesario, ligarla agregándole una cucharada sopera de harina fina de maíz.

• *Colocar* la pularda y las verduras cocidas en la cazuela y, junto con la salsa, darle un último hervor de 2 minutos.

• *Servir* caliente a la mesa.

ROLLO *de ternera asado*

El rollo –roulade, le llaman los franceses– está compuesto por una pieza cárnica de origen animal, enrollada formando un rulo alargado y a la que previamente se le ha agregado un relleno. El resultado es, aparte de altamente atractivo, muy sabroso. La versatilidad de este plato es tal que, con una misma carne como ingrediente, pueden conseguirse platos diferentes empleando distintos rellenos. Además, puede tomarse caliente o frío. El resultado depende pues, en gran medida, de la imaginación y la habilidad del cocinero o de la cocinera para combinar los elementos que integran el relleno. Sin embargo, existen dos premisas fundamentales que es preciso tener en cuenta: la sencillez y una buena materia prima.

Temporada: todo el año
Recomendada para: comida y cena
Número de comensales: 4
Vino sugerido: rosado de Navarra
Tiempo total: 1 hora y 30 minutos
Dificultad: media

Salpimentar y untar con el aceite de oliva la pieza de ternera*.

• *Picar* muy fino el tocino, el perejil y el ajo; seguidamente, mezclar estos ingredientes en un bol junto con el magro de cerdo, la miga de pan, el huevo, la sal, la pimienta y la nuez moscada. Amasar hasta formar una farsa homogénea.

• *Extender* una capa del relleno por encima de la pieza de ternera.

• *Después,* allanar la superficie, enrollar la pieza cuidadosamente y formar un rulo.

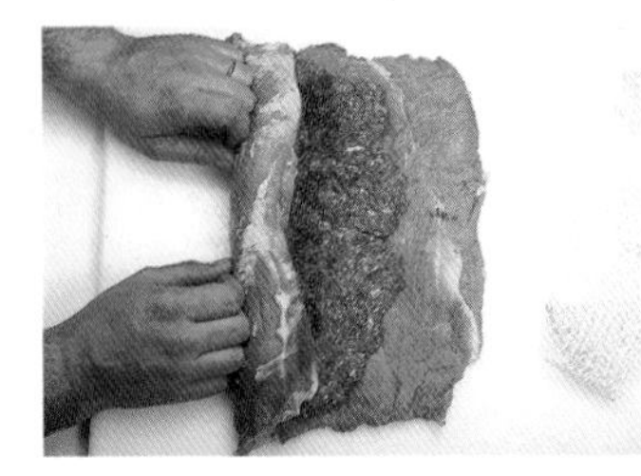

• *Introducirla* dentro de una malla de carnicería.

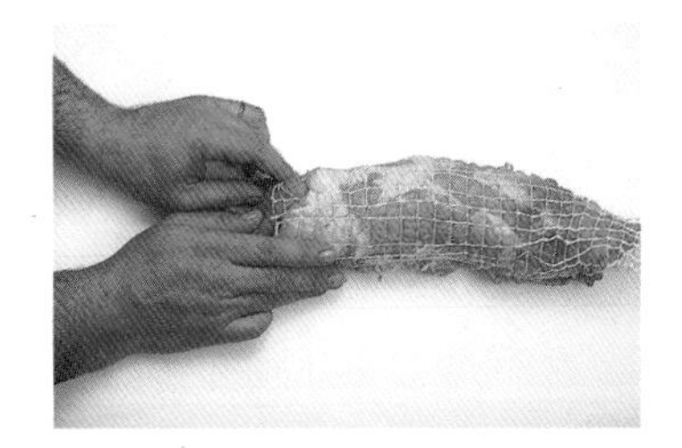

• *Colocar* la pieza de carne en una fuente de hornear, y aderezarla con el tomillo y el romero. Precalentar el horno a 180 °C e introducir el asado, aproximadamente, durante 1 hora.

• *Mientras* tanto, pelar, limpiar y lavar unas zanahorias y unas patatas. Luego, cocerlas en agua con sal durante 12 ó 15 minutos, hasta que estén blandas. Reservarlas aparte.

• *Sacar* la fuente del horno y retirar la ternera. Verter el vino blanco en la fuente, rasparla con la espátula y, la salsa así obtenida, pasarla por el colador chino.

• *Hervir* –a fuego fuerte durante 2 minutos– la salsa en un cazo. Si la cantidad resultase escasa, añadirle un poco de caldo de carne.

• *Retirar* la malla a la pieza de ternera y colocar ésta en una fuente de servicio con la salsa en el fondo o, si se desea, en una salsera aparte.

• *Decorar* el asado con la guarnición de patatas y zanahorias, y servirlo a la mesa caliente.

Ingredientes

1 kg de falda de ternera en una pieza abierta*
200 g de magro de cerdo picado
100 g de tocino blanco
2 dl de vino blanco
1 huevo
50 g de miga de pan
2 dientes de ajo
1 ramillete de perejil
1 ramillete de tomillo
1 ramillete de romero
Sal, pimienta blanca y nuez moscada
Para la guarnición:
Zanahorias, patatas y aceite de oliva

Trucos y Consejos

• *Para deleitarse con todo el sabor de este plato es preciso que la pieza de ternera sea para «asar», y si es de ternera blanca mucho mejor.*

• *Otra variante para realizar este delicioso plato consiste en añadirle a la pieza de ternera, antes de introducirla en el horno, 1 decilitro de caldo de carne. De esta manera, la pieza queda menos asada y más cocida, está exquisita y puede obtenerse posteriormente más jugo de cocción para elaborar la salsa.*

• *Si se conserva en el frigorífico, puede servirse como plato de una cena fría.*

** Pida a su carnicero que le prepare una pieza limpia de grasa y abierta para enrollarla.*

ROSBIF *de solomillo*

Temporada: todo el año
Recomendada para: comida o cena
Número de comensales: 4
Vino recomendado: tinto de crianza
Tiempo total: 45 minutos
Dificultad: baja

De larga tradición culinaria, el rosbif es un plato cuyos orígenes se remontan al siglo XVIII. Esta peculiar forma de cocinar la carne procede de Inglaterra; de ahí le viene precisamente su nombre inglés, que significa «asado (roast) de buey (beef)». Así, un rosbif no es más que una pieza gruesa de carne –redondeada y alargada–, que se cocina en el horno. Para realizar esta receta, no cabe la menor duda de que lo ideal es tener como materia prima un buen trozo de solomillo; y si es de buey, tanto mejor. Generalmente, será nuestro carnicero habitual quien nos prepare el pedazo de carne más adecuado para este uso.

INGREDIENTES

1 kg de solomillo de buey, limpio de grasa
1 dl de aceite de oliva
1/2 dl de brandy
Sal al gusto
Pimienta negra molida
1 cucharada de hierbas de Provenza

TRUCOS Y CONSEJOS

- *Este plato también puede servirse acompañado de salsa inglesa* Cumberland, *realizada con frutas y que se halla fácilmente en tiendas especializadas, supermercados y grandes superficies.*
- *Si desea saber cuándo está la carne en su punto, basta pincharla con un objeto punzante para ver si aún tiene aspecto sangrante.*
- *Aunque –debido a su sabor e intenso color rojizo– la carne más apropiada para realizar esta receta es la de buey, también sale exquisita empleando un buen solomillo de ternera.*
- *Asimismo, tenga en cuenta que su carnicero habitual puede ofrecerle otros cortes de carne más baratos y de similar calidad.*

Mezclar en un bol y remover bien el aceite con la sal, la pimienta y las hierbas de Provenza.

• *Colocar* el solomillo en una fuente o placa de hornear para, al instante, untarlo bien por todas partes con la mezcla anterior.

• *Rociar* el solomillo con el sobrante de aceite y las especias.

• *Precalentar* el horno a 180 °C e introducir el solomillo en él. Hornear de 20 a 25 minutos a esta temperatura y, dándole la vuelta cada 10 minutos, rociarlo con el líquido de cocción. Calcular unos 25 minutos de cocción por cada kilogramo de carne. Pasado el tiempo, sacar el solomillo del horno y retirarlo de la placa o fuente.

• *Rociar* la placa de hornear con el brandy, rasparla con la espátula y recoger toda la salsa en un cazo. Darle un hervor rápido de 1 minuto y pasarla por el chino.

• *Trocear* el rosbif en el momento de servirlo a la mesa.

EL BUEY

Ángel Muro no se andaba con chiquitas: «El buey –aseguraba– es una inagotable mina en manos de un cocinero hábil; él es verdaderamente el rey de la cocina». Se ha dicho y escrito que la cocina inglesa es la que tradicionalmente ha venido manteniendo su superioridad en el tratamiento de las carnes de vacuno; de ahí que su influencia se traduzca en una gran profusión de nombres con que se designan a una gran variedad y diversidad de preparaciones cárnicas (*beefsteak, roast-beef...*). Cuando los ejércitos ingleses permanecieron en París durante varios años, después de la campaña de 1845, llevaron a Francia su afición a la carne de vacuno, y este hecho supuso la invención de nuevos títulos (*filet, entrecôte, chateaubriant...*). El verdadero *roast-beef* corresponde al «solomo» o «solomillo» y, según los mejores tratadistas británicos, «sólo necesita como aliño sal y pimienta».

SALMÓN *y lubina marinados*

Temporada: todo el año
Recomendada para: comida o cena
Número de comensales: 4
Vino sugerido: albariño
Tiempo total: 24 horas
Dificultad: media

El proceso de marinado consiste en llenar un recipiente con una preparación líquida apropiada (vino, aceite, especias, limón, vinagre, etcétera) y sumergir en ella un alimento, carne o pescado en sus diversas variantes, para dejarlo que permanezca en este estado durante cierto tiempo y conseguir así aromatizar, conservar o ablandar las piezas de esta manera tratadas. La palabra marinar *proviene originariamente de «agua marina», y alude a un método de conservación ancestral de conservar los alimentos basado en introducirlos en este tipo de agua y denominado, por este motivo, «salmuera».*

Ingredientes

1 lomo de salmón de 200 g, libre de piel y espinas
1 lomo de lubina de 200 g, libre de piel y espinas
1 dl de aceite de oliva virgen
1 dl de aceite de oliva, de 0,4º de acidez
Sal gorda al gusto
1 ramillete de eneldo
1 ramillete de cilantro
1 ramillete de perejil
1/2 dl de vinagre balsámico
Pimienta blanca

Trucos y Consejos

- *Siempre que sean muy frescos, esta receta puede elaborarse con cualesquiera otros pescados de temporada.*
- *Para poder enrollar posteriormente el pescado, es muy importante indicar al pescadero que limpie bien de piel y espinas la pieza, y que la corte en lomos.*
- *Si se añade a la vinagreta un poco de salsa de soja, el plato adquiere un cierto toque exótico.*
- *Como guarnición, este plato puede acompañarse de una ensalada, aliñada con la misma salsa vinagreta de la maceración.*

Picar muy fino el eneldo, el cilantro y el perejil.

• *Mezclar* en un bol los dos tipos de aceite, el vinagre balsámico, las hierbas picadas, la pimienta y la sal gorda.

• *Emulsionar* el preparado con la varilla y conservarlo, herméticamente cerrado, durante 24 horas en el frigorífico.

– *Mientras* tanto, elaborar los rollos de salmón y lubina como sigue:

• *Lavar* y secar con un paño limpio las piezas de lubina y salmón; luego, pintarlas con un pincel de cocina humedecido en la salsa vinagreta conservada en el frigorífico.

• *Disponer* primero la lubina como base y colocar encima el salmón.

• *Enrollar* las piezas con esmero y hacer un rulo compacto.

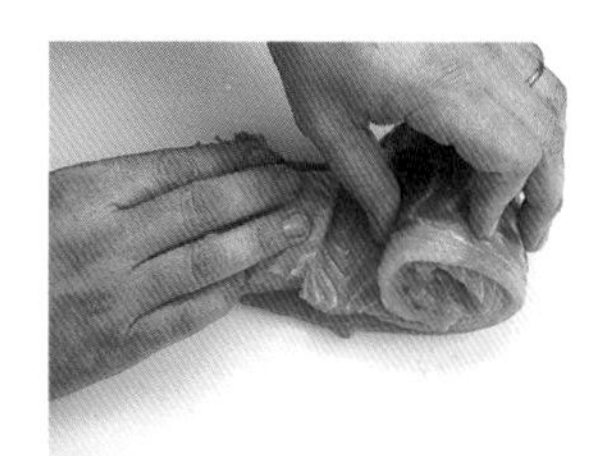

• *Envolver* el rollo de salmón y lubina en papel de aluminio.

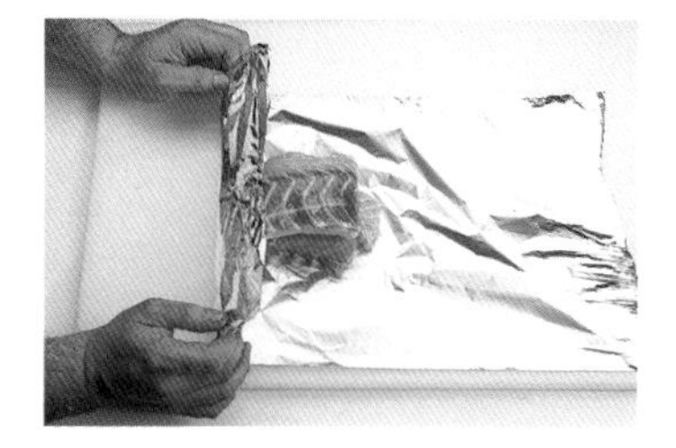

• *Formar* un cilindro compacto, enrollándolo y prensándolo bien por los laterales.

• *Introducirlo* en el congelador durante 2 ó 3 horas; sacarlo, dejarlo que repose 5 minutos y cortarlo.

• *Para* untar las lonchas de salmón y lubina una vez cortadas del rollo, sacar la vinagreta del frigorífico 30 minutos antes de su utilización, dejar que adquiera la temperatura adecuada y agítese antes de usarla.

• *Disponer* en el plato de servicio lonchas muy finas, cortadas con una máquina eléctrica del rollo de salmón y lubina.

• *Finalmente,* usando un pincel de cocina, decorar el plato con la salsa vinagreta.

TARTA *tatín*

Temporada: todo el año
Recomendada para: postre o merienda
Número de comensales: 4
Vino sugerido: blanco dulce
Tiempo total: 40 minutos
Dificultad: media

De origen francés, esta tarta es la más clásica de las realizadas con manzana. Esta delicia de la repostería de principios de siglo, debe su invención y su nombre a las hermanas Tatín. Su exquisitez alcanzó tal popularidad, que la gente acudía en masa a degustarla al restaurante que estas cocineras regentaban en Lamotte-Beuvron. En realidad su proceso de elaboración se hace «al revés»; es decir, al desmoldarla se le da la vuelta. Si, además, en su confección se emplean las populares manzanas reineta –de piel verde, tirando a parduscas con el tiempo–, el resultado no tiene parangón. El ligero sabor ácido de esta fruta netamente española y sus extraordinarias cualidades para asar, hacen de esta fórmula digno bocado del más exigente gourmet.

INGREDIENTES

4 manzanas reineta
100 g de mantequilla
125 g de azúcar
200 g de harina
Una pizca de sal
Agua fría
Para elaborar el caramelo:
250 g de azúcar
2 dl de agua
3 gotas de limón

TRUCOS Y CONSEJOS

• Aunque nuestro personal criterio es diferente, hay personas que antes de asar las manzanas les añaden un poco de licor de manzana.
• Para evitar que las manzanas peladas y cortadas en trozos se oxiden, deben introducirse en un bol con agua y el zumo de medio limón. Además, el sabor que posteriormente aportan a la tarta es inconfundible.
• Si se desea que la masa no se empape del agua que sueltan las manzanas asadas, puede impermeabilizarse en crudo pintándola previamente con clara de huevo batida.

Mezclar en un bol la harina con 50 gramos de azúcar y la sal. Hacer un hueco en el centro, y agregar la mantequilla reblandecida y cortada en trozos pequeños.

• *Amasar* con los dedos formando una especie de migas sueltas y añadir, poco a poco, agua fría hasta formar una masa compacta, homogénea y suelta.

• *Formar* con ella una bola, taparla con un paño húmedo y dejar que repose 30 minutos en el frigorífico.

• *Para* elaborar el caramelo, calentar en un cazo el agua y el azúcar, y remover con la espátula a fuego muy suave sin que la mezcla hierva. Añadirle 3 gotas de zumo de limón y dorar al gusto, evitando que se queme. Reservarlo aparte.

• *Pelar* y descorazonar las manzanas con un utensilio apropiado; cortarlas en trozos de forma ligeramente triangular, es decir, puntiagudo un extremo y más ancho el otro. Conseguir 10 trozos por manzana.

• *Cortar* en láminas finas un trozo de manzana reservado para decorar la superficie de la tarta.

• *Con* un pincel de cocina empapado en mantequilla, engrasar un molde. Caramelizarlo y disponer muy juntas las láminas de manzana finas; encima, realizar una corona con los trozos triangulares, de manera que queden muy apretados. Comenzar por los extremos y terminar en el centro. Luego, cubriendo la primera, hacer una segunda corona y espolvorear con 75 gramos de azúcar.

• *Precalentar* el horno a 180 °C, introducir el molde y, pasados 10 minutos, sacarlo.

• *Espolvorear* una superficie lisa con harina y, con un rodillo engrasado en un poco de mantequilla, estirar la masa hasta obtener de ella un espesor de 4 milímetros.

• *Cortar* de la masa un círculo con un diámetro 2 centímetros mayor que el del molde.

• *Cubrir* con esta masa las manzanas ya asadas, dispuestas en el molde. Para ello, enrollar la masa en el rodillo –sin apretarla– y desenrollarla cuidadosamente sobre las manzanas, remetiendo bien los bordes dentro del molde, de manera que recubran bien el relleno.

• *Hacer* respiraderos en la superficie de la masa –con un tenedor–, e introducirla 40 minutos en el horno a 180 °C. Retirarla del horno y dejarla reposar unos minutos.

• *Darle* la vuelta sobre una fuente de servicio y desmoldarla. Servir tibia o fría y, si se desea, acompañada de nata montada con azúcar.

TERRINA *de carne a la inglesa*

Temporada: todo el año
Recomendada para: comida o cena
Número de comensales: 4
Vino sugerido: clarete
Tiempo total: 3 horas
Dificultad: media-alta

Las terrinas son platos de gran versatilidad. Si a esta peculiar característica se añade el arte casero de que hacen gala, se evidencia fácilmente que puedan servirse a la mesa como entrante o como plato principal. De esta manera, su diversidad de formas y composiciones denota el ingenio creador de sus artífices. Además, al entrar en su composición ingredientes tan diferentes como carne, pescado o verdura, admiten múltiples combinaciones. A pesar de lo que pueda parecer en un principio, son muy sencillas de elaborar. Y, si se siguen paso a paso las indicaciones de esta receta, los resultados no se harán esperar y serán espectaculares.

INGREDIENTES

600 g de lomo de cerdo picado
600 g de jamón de York
80 g de champiñones
600 g de patatas
1 cebolla
2 huevos
1/2 dl de brandy
1/2 dl de caldo de carne
Sal
Pimienta negra
100 g de tocino en lonchas finas
Para decorar:
1/2 remolacha
1 zanahoria
Gelatina industrial (véase la proporción en el envase)

TRUCOS Y CONSEJOS

- *Puede acompañarse la terrina con cebolletas, pepinillos en vinagre y mostaza de Dijón. También hay personas que la acompañan con mermelada de frambuesa.*
- *Es muy recomendable realizar una ensalada como guarnición. Además, antes de servir las porciones de terrina en los platos, puede ponerse una cucharada de aceite virgen en el fondo de cada uno de ellos.*

* *Para encamisar una terrina, véanse las «Técnicas de cocina» en la página 70.*

Pelar las patatas y cocerlas en agua con sal durante 15 minutos. Retirarles el agua, pelarlas y reservarlas aparte.

- *Eliminar* los restos de tierra de los champiñones, lavándolos en abundante agua fría; luego, quitarles la parte leñosa, filetearlos muy fino y reservarlos aparte.
- *Encamisar** la terrina con las lonchas de tocino, de manera que los extremos sobresalgan 0,5 centímetros por encima del reborde del recipiente.
- *Triturar* –con una picadora o con el brazo mecánico– el lomo de cerdo picado, el jamón de York, los champiñones, las patatas cocidas y la cebolla.
- *Añadirle* la sal, la pimienta, el brandy y el caldo, para continuar amasando bien hasta formar una masa homogénea.
- *Rellenar* con este preparado la terrina y allanar la superficie; seguidamente, compactarlo bien haciendo presión con la mano para evitar que se formen bolsas de aire.
- *Hacer* una ligera presión con los dedos sobre los extremos de las lonchas de tocino que recubren el fondo, y cerrar la terrina por arriba.
- *Evitar* que el vapor se acumule en el preparado. Para ello, hacer unas ligeras incisiones en la superficie de la terrina con un cuchillo.
- *Precalentar* el horno a 130 °C, e introducir la terrina al baño María durante 1 hora y 30 minutos.
- *Transcurrido* el tiempo, sacar la terrina del horno, retirarla del baño María y dejarla enfriar a temperatura ambiente.
- *Seguir* las indicaciones que figuran en el envase de la gelatina, y diluir ésta en la proporción de agua indicada por el fabricante. Dejarla que temple.
- *Decorar* la terrina con trozos de remolacha y zanahoria para, finalmente, recubrirla con la gelatina templada.
- *Introducir* el preparado en el frigorífico durante 1 hora, hasta que la gelatina cuaje.
- *Sacar* la terrina del frigorífico y servirla en el mismo recipiente, o bien una vez desmoldada.

VACA
a la moda

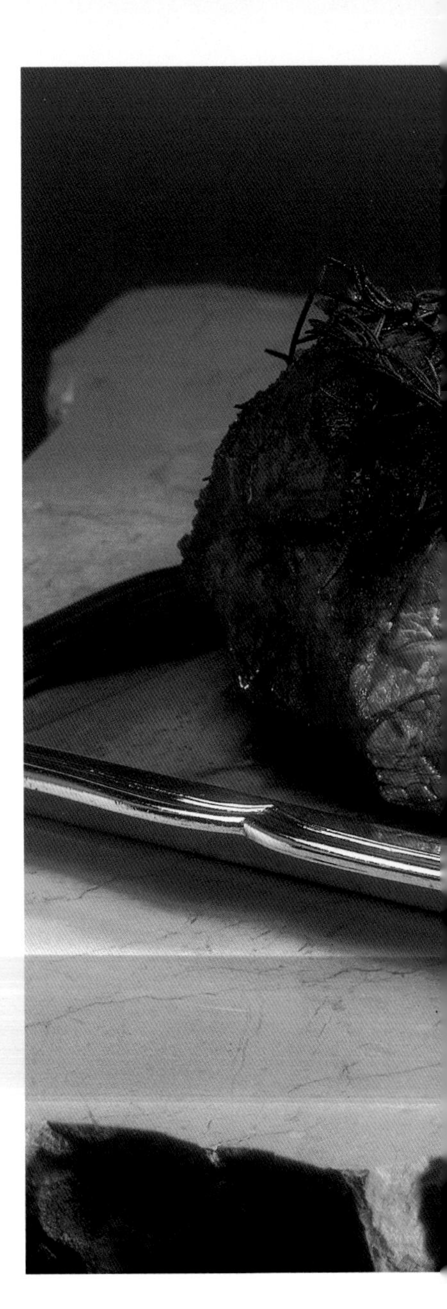

Este plato eminentemente burgués tiene sus orígenes en el siglo XVIII, allá cuando en 1792 dos hermanos marselleses fundaron –en la zona próxima al Palacio Real de París– un restaurante que posteriormente figuraría en los anales de la culinaria con el nombre de Boeuf à la mode *(«Buey a la moda»). Debido a los avatares del destino, el gran cocinero Tissot adquiere su propiedad y lo convierte en un elegante y prestigioso restaurante, cuya especialidad* –Buey a la moda, *servida incluso como menú del día–, daría nombre al susodicho restaurante. Para confeccionar esta receta, ha de seleccionarse carne de ternera criada por la vaca, es decir, de color rosa claro y aspecto satinado. De no ser así, la carne pierde mucha agua durante la cocción y tiene poco sabor.*

Temporada: todo el año
Recomendada para: comida
Número de comensales: 4
Vino sugerido: tinto de rioja
Tiempo total: 8 horas y 30 minutos
Dificultad: alta

C*ortar* el tocino en tiras finas de 0,5 centímetros de ancho por alto, y del largo de la pieza de ternera. Sazonarlas y bañarlas en 1 decilitro de brandy, agregarles el perejil picado y dejarlas macerar 20 minutos.

• *Mechar* la carne* con el tocino.

• *Salpimentar* la ternera y colocarla en un recipiente de paredes altas, junto con 1 litro de vino y el brandy restante. Macerar durante 5 horas en un lugar fresco, removiéndola hasta que adquiera el aroma del líquido.

• *Mientras* tanto, desmenuzar el pie de ternera, cocerlo a fuego medio en una cacerola con agua hirviendo, añadirle un chorrito de vinagre y dejar que hierva de nuevo; quitarle la espuma que se forma en la superficie.

• *Retirar* el pie de ternera del agua; posteriormente, calentar de nuevo agua con sal y dejar que cueza a fuego medio durante 10 minutos. Por último, sacar la pieza y reservarla aparte.

• *Una vez* macerada la pieza de ternera, escurrirla, reservar el jugo del marinado y saltearla a fuego vivo en una cacerola grande de paredes altas –utilizando 1/2 decilitro de aceite de oliva–, hasta que se haya dorado.

• *A continuación,* añadir el jugo del marinado, el caldo de buey** –hasta cubrir las 3/4 partes de la pieza–, el bouquet garnie, las 8 chalotas peladas, las 2 cebollas y las 2 zanahorias –peladas y cortadas en trozos medianos–, los huesos y el pie de ternera cocido.

• *Cocer* a fuego medio, con la cazuela destapada, hasta que hierva; luego, taparla y cocer –también a fuego medio– el preparado durante 2 horas, o hasta que la carne esté tierna.

• *Retirar* del fuego, sacar la pieza de carne, machacarla y, junto con la salsa, pasar todo por el chino.

Dejarla que repose y quitarle la grasa de la superficie con una cuchara o con papel de cocina.

• *Cocer* la salsa en un cazo y ligarla con la harina de maíz. Al punto, incorporar las verduras de la guarnición, la salsa española*** y el perejil picado; cocerlo todo, tapado, a fuego medio durante 1 hora.

• *Finalmente,* trocear la carne, colocarla en una fuente y acompañarla con la salsa y las verduras.

Ingredientes

2 kg de aguja de ternera en una pieza • 1/4 kg de huesos de ternera • 200 g de tocino blanco • Sal • Pimienta blanca • 8 chalotas • 1 l de vino blanco seco • 2 dl de brandy • 1 pie de ternera • 1/2 l de caldo de buey** • 1/2 l de salsa española • 1dl de aceite de oliva • 1 cucharadita de harina de maíz • 2 zanahorias • 2 cebollas • 1 bouquet garnie de nabo, puerro, zanahoria, perejil y clavo •*** **Para la guarnición:** ***20 ó 30 cebolletas • 16 zanahorias torneadas • 16 nabos torneados • 1 cucharada sopera de perejil picado***

Trucos y Consejos

• Si quiere que la carne quede más untuosa, pídale al carnicero que deje algo de grasa en la pieza.

• Para consumir el plato posteriormente, basta conservarlo en el frigorífico envuelto en papel de aluminio. Después, se recalienta la pieza en el horno y la salsa en un cazo.

** Para mechar la carne, consúltese la sección «Técnicas de cocina» en la página 70.*

*** Para elaborar el caldo de buey se necesitan: 2 ó 3 pastillas de caldo de buey liofilizado y 1/2 litro de agua fría. Debe cocerse el preparado hasta que las pastillas se disuelvan.*

**** Para elaborar la salsa española, véase la receta de la página 48* (Perdices estofadas al estilo de Toledo*).*

VOLOVÁN *relleno de verduras con foie*

Procedente de Francia, el hojaldre relleno por excelencia es el vol-au-vent. *Su traducción literal al castellano quiere decir «vuelo al viento», es decir, un manjar ligero, delicado y refinado. La invención de esta receta se atribuye al gran cocinero y pastelero francés Carême, que puso la gastronomía al servicio de la diplomacia a finales del siglo XVIII. Aunque en esta ocasión sólo se menciona al volován, como curiosidad reseñable hay que indicar que a este cocinero también se le imputa la creación del merengue. Si queremos apreciar en toda su intensidad la textura crujiente del hojaldre y que no se ablande en exceso el volován, debe rellenarse en el preciso instante en que va a consumirse. Eso sí, el relleno siempre debe estar caliente.*

Lavar, limpiar, pelar y cortar en *brunoise* todas las verduras; es decir, trocear en dados de 1 centímetro de lado la zanahoria, la patata, la cebolla, el puerro y la coliflor.

- *Saltear* la cebolla, la zanahoria, la patata, el puerro y la mantequilla en un cazo de paredes medias. Remover constantemente, a fuego medio durante 2 minutos. Salpimentar.

- *Añadir* los 3 decilitros de caldo, el brécol, la coliflor, los guisantes, las coles y la hierbabuena triturada. Dejarlo que cueza durante 15 minutos, a fuego medio.

- *Incorporar* la nata líquida 2 ó 3 minutos antes de terminar la cocción, removiendo sin parar hasta que la preparación se diluya.

- *Precalentar* el horno a 100 °C e introducir el volován durante 1 ó 2 minutos, sin que se queme.

- *Sacarlo* del horno, rellenarlo con el preparado de verduras y decorar la parte superior con trozos grandes de brécol. En el último momento, añadir la loncha o porción de foie-gras y servir inmediatamente antes de que el hojaldre se reblandezca.

Temporada: todo el año
Recomendada para: comida o cena
Número de comensales: 4
Vino sugerido: blanco del Penedés
Tiempo total: 45 minutos
Dificultad: baja

LA LEY DEL SILENCIO

¿Recuerdan aquella película magistralmente interpretada por el genial Marlon Brando? No es que en esta obra tratemos de problemas laborales y de reivindicaciones sociales; sin embargo, nos sirve de pretexto y similitud para, cuando degustemos un exquisito foie, recordar las condiciones de «esclavitud» a que se someten los patos para, una vez sacrificados, regalarnos su hígado hipertrofiado. Su vida es un verdadero martirio: reposo, silencio, oscuridad y una alimentación de engorde compuesta por grasa y harina. ¡Ojo! El foie-gras «de verdad» tiene su origen en el hígado de pato y de oca, sometidos ambos a procesos de cebado. No obstante, deben distinguirse de otros foie que proceden de hígados de cerdo, pollo o gallina; detalle éste que siempre debe indicarse en el envase del producto.

Cada 10[illegible] [illegible]ie-gras contienen un 42% de grasas, un 12% de prote[illegible] [illegible]rbono. Aportan unas 440 kcal.

fastuoso y opíparo de los banquetes no necesita acompañar sus más suculentos platos de carne, aves o caza, con otros tintos que no sean los nacionales. Así, entre los Ribera del Duero destacan, además del Vega Sicilia, los Pesquera, Protos, Matarromera, Dehesa de los Canónigos, Viña Pedrosa, Viña Sotillo; los rioja Contino, Marqués de Cáceres, Viña Ardanza, Marqués de Riscal, Marqués de Arienzo, Beronia, Viña Real Oro, Viña Albina, etcétera; el Gran Colegiata de Toro; algunos Valdepeñas; el garnacho Scala Dei del Priorato, el Cabernet-Sauvignon del marqués de Griñón, diversos mencía de El Bierzo y de Valdeorras, los buenos tintos de Costers del Segre, de Almansa y del Somontano; los tintos navarros como el Ochoa, el Príncipe de Viana o el Chivite; y decenas de otros excelentes vinos que están considerados entre los mejores del mundo y que nuestra memoria ha omitido –sin ningún afán de olvido intencionado ni mala fe– en este raudo paseo por la geografía del vino.

A los postres se hace necesario su acompañamiento con un Oporto Vintage –mejor si es un Taylor's o un Quinta do Noval– o, en su defecto, un Pedro Jiménez de Jerez o de Córdoba. Y ello, a su vez, con café de Colombia, coñac Hennessy de Napoleón, brandy de Jerez, ron añejo cubano de 25 años o güisqui escocés de 18 años.

El descorche del vino

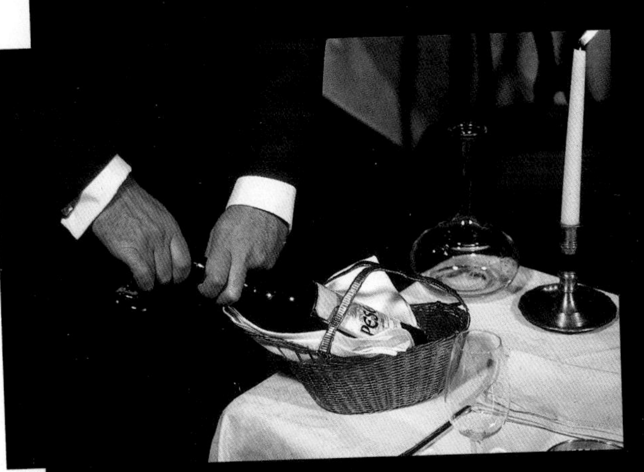

Descorchar una botella no debe suponer que se provoque una masacre. El asunto requiere su técnica. No conviene precipitarse, ni ponerse nervioso cuando el corcho se resiste. Hay que obrar con decisión, utilizar el instrumento apropiado y seguir las reglas pertinentes. Un correcto descorche facilita la degustación.

La cortesía requiere que la botella se abra en presencia de los bebedores. Previamente, debe cortarse la cápsula que protege el corcho. Para ello utilizaremos un cuchillo, una navaja o un cortacápsulas. Si la cápsula es de plomo, conviene retirarla para que no entre en contacto con el vino que va a ser escanciado.

El indispensable sacacorchos puede ser o no de madera. Son prácticos el de mariposa –con dos brazos laterales que suben progresivamente–, el continuo y el de camarero –que tiene un añadido incorporado para hacer palanca en la boca de la botella–. El sacacorchos debe introducirse por el centro del tapón y nunca traspasar éste, así evitaremos la caída de partículas al vino. El corcho debe retirarse con firmeza, pero sin movimientos bruscos. Durante la operación la botella no debe moverse en absoluto, si no que será la mano la que gire.

Para abrir una botella de espumoso no se precisa sacacorchos, y debe hacerse justo al contrario; es decir, se sujetará el corcho firmemente y se irá girando la botella –que debe permanecer inclinada unos 45º– con suavidad, hasta que aquél salga.

A *la mesa*

Existe una clara diferencia entre poner la mesa y distribuir la cubertería según el número de servicios. En las grandes ocasiones, cuando se celebra un acontecimiento formal de gran trascendencia, hay que preparar la mesa desde la base; es decir, desde el principio. Primero se dispondrá sobre ella un muletón de algodón, preferiblemente plastificado por una cara. La función de esta tela es doble: por un lado, evitar que la mesa se estropee si se derrama algún líquido; por otro, dar una sensación cálida y agradable al [illegible]junto cuando se coloque [illegible]cima el mantel.

[illegible] tamaño del mantel de nuestra [illegible]cción, debe ser lo [illegible]ntemente amplio como para [illegible]os extremos cuelguen hasta el [illegible]. Antes de extenderlo sobre [illegible]sa, debe estar bien planchado. [illegible]mo normalmente los [illegible] o dobleces muy marcados [illegible]uencia de un largo tiempo guardado– aparecen una vez sacado el mantel del armario y colocado de inmediato sobre el muletón, es preciso alisarlo de nuevo. Para ello, basta humedecerlo previamente –pulverizando un poco de agua sobre su superficie– y pasarle la plancha –así extendido– hasta que esté perfecto.

Es importante disponer a nuestros invitados en un espacio relativamente amplio, en el que no sufran estrecheces. Y, por supuesto, debe asignarse de antemano la ubicación de cada comensal en la mesa. Seguidamente se elige una decoración floral para el centro, u otra en alusión al acontecimiento y que no desentone con el motivo que originó el festín.

Respecto a la gama de tonos y colorido que debe ornar nuestra mesa, estarán en sintonía con el tipo de evento que celebremos. Así, nuestra selección será en tonos pasteles y emplearemos sobre todo el color blanco en aquellos banquetes que festejen bautizos, comuniones, bodas o el día de la madre; es decir, en todas aquellas celebraciones que afecten de manera especial a nuestros sentimientos más íntimos. En cuanto a la conmemoración de fiestas de marcado carácter lúdico, como puede ser la celebración del Carnaval o la mismísima Noche Vieja, los colores chillones y fuertes despiertan los sentidos e invitan al festejo, pero también en estas ocasiones conviene ser comedido.

A continuación se dispondrán las sillas según el número de comensales, para así determinar el espacio mínimo indispensable para cada uno de ellos. En la ilustración de la izquierda se muestra una mesa dispuesta para degustar el aperitivo. Posteriormente se retiran los utensilios usados y se prepara la mesa como puede apreciarse en el apartado de la derecha: «La mesa para una ocasión especial».

Habrá que tener en cuenta que la altura de las sillas sea la adecuada y

La mesa para una ocasión especial

esté en consonancia con la de la mesa en la que se celebra el convite; incluso si la celebración es un bufé –en vez de un almuerzo alrededor de una mesa–, se deberán colocar asientos para todos los convidados, además de las correspondientes superficies planas, barras o repisas en las que depositar los platos para degustar la comida con tranquilidad. Prescindir de estos elementos de apoyo, supone el que nuestros invitados y amigos tengan que arreglárselas para sostener el plato con una mano, el vaso con la otra y sin la posibilidad de llevarse la comida a la boca.

En ningún caso deben olvidarse las copas para las bebidas del final de la comida. Un pequeño brindis digno de la ocasión, será la guinda final de la celebración. También hay que cuidar una buena provisión de refrescos sin alcohol y los vasos que vayamos a precisar para, cuando una hora después del almuerzo o la cena, los invitados empiecen a sentir sed a causa de la charla, la digestión o acaso debida al alborozo, el baile y el calor. Si el acontecimiento es nocturno, las velas y los candelabros son un elemento imprescindible que no puede faltar en la decoración.

En primer lugar, se distribuyen los platos. Si se emplean platos de presentación o «bajo platos», la mesa lucirá más y estará mucho mejor presentada; es decir, más «vestida». Si no se dispone de platos de presentación, los platos llanos se colocarán a una distancia de 2 centímetros del borde exterior de la mesa. Con el fin de que la comida servida caliente mantenga este estado, los platos llanos han de calentarse previamente. Además, se reservarán en la cocina otros platos de similares características. En caso necesario, pueden calentarse rápidamente empleando el microondas.

La distancia ideal de separación para que los comensales estén holgados y no sufran estrecheces, se calcula trazando una línea recta imaginaria de 70 a 80 centímetros desde el centro de un plato llano hasta el centro del plato del comensal de al lado.

Para un menú de cinco platos (consomé, pescado, plato principal, queso y postre), la disposición de la mesa ha de ser similar a la de la ilustración:

Plato de presentación (1) (opcional), sobre el que se coloca el plato llano; cuchillo y tenedor grandes (2 y 3), que se utilizarán con el plato principal; cuchillo y tenedor de pescado (4 y 5); cuchara de consomé (6); cuchillo y tenedor de postre para el queso (7 y 8); cuchara y tenedor de postre para el dulce (9 y10); plato de pan y cuchillo para la mantequilla (11 y 12).

Las copas se disponen a la derecha del comensal, hacia el interior de la mesa, de forma oblicua. Son las siguientes: copa de cava (13), de agua (14), de vino tinto (15) y de vino blanco (16).

ÍNDICE *de recetas e ingredientes*

❦ ❦ ❦ ❦ ❦ ❦ ❦ ❦ ❦

Iñaki Oyarbide es el cocinero y alma gastronómica de la colección. Su personal selección de recetas y sus métodos para prepararlas tienen que ver con toda una vida pasada entre fogones desde que su padre, Jesús Oyarbide, fundara en Madrid el restaurante «Zalacain», considerado como uno de los mejores de España. Pero la formación del joven Iñaki no se limita al entorno familiar. Cursó estudios de hostelería en el prestigioso *Centre International de Glion* (Suiza), y perfeccionó sus conocimientos en restaurantes de diferentes países. En la actualidad desarrolla su trabajo en Madrid, en el restaurante «Príncipe de Viana».

Iñaki Preysler se ha ocupado de la dirección de arte y fotografías de los platos; ***Dolores Osende,*** del estilismo y producción de las mismas. Ambos conforman el ***Estudio Trece por dieciocho*** que, a pesar de su juventud, posee ya un currículo impresionante. Comenzaron a trabajar juntos en 1988 y, desde entonces, han recibido encargos de las más prestigiosas agencias de publicidad. Entre sus clientes del ramo de la alimentación destacan Campofrío, Pescanova, Nestlé, Kraft General Foods, Alimentos de España, etcétera. Fuera del campo alimenticio cuentan con clientes como BMW, Telefónica, IBM, ONCE, Olivetti, Coca-Cola, etcétera.

José Antonio Fidalgo ha realizado la introducción y los comentarios sobre los ingredientes. Hombre de gran cultura y minucioso investigador del costumbrismo y la cocina popular, posee, entre otros galardones, el «Gran Collar de la Gastronomía de España», y es miembro de numerosas sociedades gastronómicas.

Pedro Plasencia es el autor del capítulo «Bebidas», y uno de los mejores conocedores españoles del mundo de los vinos. En su larga trayectoria como periodista ha publicado numerosos artículos en revistas especializadas del sector. También es autor de varios libros, entre ellos el *Manual de los vinos de España*, escrito con Teclo Villalón para esta misma editorial.

Beatriz Imízcoz es autora del capítulo «A la mesa». Periodista y escritora, ha sido galardonada con varios premios literarios a lo largo de su vida. Además, es una gran conocedora del protocolo a la mesa, sobre el que ha escrito un libro.

Todas las fotografías de recetas, las del paso a paso de la elaboración, técnicas, recipientes y disposición de la mesa, fueron realizadas por Iñaki Preysler y Dolores Osende (*Trece por dieciocho*). Las demás son obra de: Agustín Berrueta, Grupo Calvo, Imagen MAS, Juanjo Arrojo, Miguel Raurich, Oronoz, Ramón Hereter, Pedro Plasencia, Teclo Villalón y Archivo Everest.

Agradecemos el apoyo y colaboración desinteresada de las siguientes personas y entidades:
CÍA. DE LA CHINA Y EL ORIENTE.
c/ Conde de Aranda, 14.
28001 Madrid.
GLASSANZ.
c/ Constancia, 11.
28002 Madrid.
LINOGAR. c/ Claudio Coello, 72.
28001 Madrid.
PAULINO, S. L.
c/ Velázquez, 68.
28001 Madrid.
RESTAURANTE PRÍNCIPE DE VIANA
c/ Manuel de Falla, 5. Madrid.
CHELO APALATEGUI ha cedido manteles y vajillas particulares.
BETINA MENDL ha colaborado como asesora.

Dirección Editorial: Raquel López Varela
Coordinación Editorial: Ricardo García Herrero
Diseño de la colección: Jesús Cruz Serrano
Composición: Emilia González Ordás

Carretera León-La Coruña, km 5.
LEÓN (ESPAÑA)
ISBN: 84-241-2563-0
Depósito Legal: LE: 569-96
Printed in Spain - Impreso en España

EDITORIAL EVERGRÁFICAS, S. L.
Carretera León-La Coruña, km 5.
LEÓN (ESPAÑA)